**Dieses Buch
gehört:**

Werner *Tiki* Küstenmacher

BATCHMAN!

Die Fortsetzung von M.S.DOSe
mit verschärften Mitteln

Werner Küstenmacher – Batchman

Erste, streng auf 30.000 Exemplare limitierte Auflage

Im Jahre des HErrn 1992

ISBN: 3–89390–329–1

© 1992 bei der sympathischen Systema Verlag Gesellschaft mit b.H.
Frankfurter Ring 224, D–W–8000 München 40 (Germany).
Fax 089/323903–12
Alle Rechte vorbehalten – All rights reserved.
Umschlaggestaltung: Peter Balassa mit ein wenig Werner Küstenmacher
Herstellung und Gestaltung: Werner Küstenmacher mit Word und PageMaker
Produktion: A. Hommer, München

Printed in Germany

Batchman hat ganz schön was zu bieten!

Inhalt

Vorwort 9

in welchem über die Logik philosophiert wird und warum dieses Buch damit nichts am Hut hat. Dafür enthält es Erfolg, spröden Charme und ein Loblied auf den einsamen, auf Grund einer chemischen Reaktion mit Phosphor vor sich hinstrahlenden Buchstaben. Den Abschluß bildet, wie es sich für ein Vorwort gehört, etwas philantropes Gelaber und ein ergreifender Appell an die Menschlichkeit.

Erstes Kapitel: Inhaltsverzeichnis 13

Ein musikalisches Kleinod: MaeStro DOSsini DIRigiert mit völlig neuen Techniken ein gigantisches Dateienorchester, ist dabei dem Artenschutzabkommen ebenso verpflichtet wie der neuen Disk-Ordnung und präsentiert endlich seine Neubearbeitung des Welthits Hi-Hi-Hilfe („Help!"). Das furiose Finale gipfelt in der verblüffenden Einsicht, daß zum Verständnis von DOSes Werk vier Buchstaben ausreichen (aber deshalb ist DOS kein four-letter-word!).

Zweites Kapitel: Stapeldateien 25

Der Höhepunkt des Werkes kommt schon früh, da dieses Kapitel dem Buch den Namen gegeben hat. Hier wird BATCHMAN ausführlich vorgestellt und tüchtig ausgewalzt, da sein Vokabular nur acht Wörter umfaßt. Neue Aspekte des Klammeraffen wechseln ab mit Remoulade und einem winzigen Punkt, der eine ganze Zeile lang ist. Als Gesamtkunstwerk ein Muster digitaler Evolutionslehre, nur kurz von Unsinn unterbrochen.

Wie dieses Buch entstand

Es ist längst kein Geheimnis mehr: Dieses Buch über MS-DOS habe ich auf einem Apple Macintosh geschrieben. Und zwar auf einem für heutige Verhältnisse ganz kleinen: ein SE mit 20 Megabyte-Festplatte, 44 Megabyte Syquest Wechselfestplatte und 4 Megabyte RAM. Aber wenigstens die verwendete Software kam von der DOS-Firma Microsoft: Word für den Mac, Version 4.0. Den Umbruch hat wieder einmal PageMaker 4.01 der Firma Aldus besorgt.

Schräg gegenüber vom Mac stand ein unscheinbarer Kraftprotz: Auf einem DELL 320N+ Notebook mit i80386SX-Prozessor, 80 Megabyte-Festplatte und (für DOSe vollkommen übertriebenen) 6 Megabyte RAM habe ich all die in diesem Buch beschriebenen Tricks und Batchdateien ausprobiert.

Gedruckt wurde auf dem PostScript-Laserdrucker QMS PS-410 in der guten alten Times (der Hausschrift von Herrn DOSes Firma Microsoft) in 14 Punkt mit 17 Punkt Zeilenabstand. Die Zeichnungen sind unverfälschte Handarbeit, geschaffen mit der aussterbenden Feder Brause ExtraFein und Rotring Zeichentusche. Auch die Texte in den Sprechblasen sind handgeschrieben, mit einem dicken Pelikanfüller und einem dünnen von Lamy, beide befüllt mit Rotring brillant noir.

Die auf Zanders Stern matt 150g/qm ausgeführten Zeichnungen habe ich dann in bewährter Weise auf die aus dem Laserdrucker gekommenen Bögen kopiert, und zwar mit dem sattschwarz und reproreif arbeitenden Fotokopierer SF-7850 von Sharp.

Zum Drucken wurde alles auf 72 Prozent verkleinert und wird 95 Prozent aller Leserinnen und Leser qualitätsmäßig voll zufriedenstellen. Bei den restlichen 5 Prozent bitte ich um Geduld: Wir arbeiten an einer Technik, Text aus dem Satzbelichter und Handzeichnungen ohne Schnippelarbeit zu qualitativ hochwertigen Druckvorlagen zusammenzubringen. Aber so ulkig es klingt: Bisher gibt es das noch nicht.

Vorwort

Liebe Leserin,
lieber Leser,

bedrohte Art
(nur noch ca. 80 Mio. Exemplare)

vorliegendes Werk verfolgt eine durchaus ernste Absicht: Es möchte die schwer auszurottende These widerlegen, daß Computerprogramme logisch seien. Gerade MS-DOS, das erfolgreichste Computerprogramm der Erde, ist von einer derart großen Zahl von Widersinnigkeiten durchzogen, daß es geradezu an ein menschliches Wesen erinnert. Das kommt sicher davon, daß es von Menschen geschrieben wurde.

Zugleich ist es ein Buch, das aufrütteln möchte, den spröden Charme dieses unlogischen Softwarekleinods zu bewahren. MS-DOS ist bedroht. Schon wächst eine Generation junger Benutzerinnen und Benutzer heran, die mit der Maus in der Hand und Icons im Bewußtsein ausziehen, die Technik zu erobern. Vielleicht werden sie Erfolg haben. Aber ohne den herben Duft der naturreinen Eingabezeile, nicht mehr verwurzelt im kargen Alphabet der Tastatur und ohne den Ansporn des fluoreszierend auf dem Monitor schimmernden C:>\-Prompts.

Die neuen Helden der Computerszene brauchen schnelle Prozessoren und schwindelerregende Mengen Speicherchips. Und dennoch werden sie das an die Lichtgeschwindigkeit gemahnende Aufblitzen des Ergebnisses nie erleben, das die Liebhaber der unverfälschten DOSe so zufrieden und fröhlich macht.

Dieses Büchlein bildet sämtliche Widersprüche des Betriebssystems aller Betriebssysteme getreulich ab. Daher wird Wichtiges bisweilen nur kurz gestreift, manche Nebensächlichkeit dagegen ausführlich erläutert. Herrschaftswissen zum Angeben steht neben praxiserprobten Tricks. Nützlich ist beides. Auch die inkonsequente Aufteilung, wann M.S. DOSe Batchman ist und wann M.S. DOSe, wird konsequent bis zum Ende durchgehalten.

Kurzum: Es ist ein Buch, das du lieben wirst, wenn du ein Mensch bist. Computer werden es hassen. Aber die brauchen es ja nicht zu lesen.

In diesem Sinn viel Spaß wünscht

Werner Tiki Küstenmacher

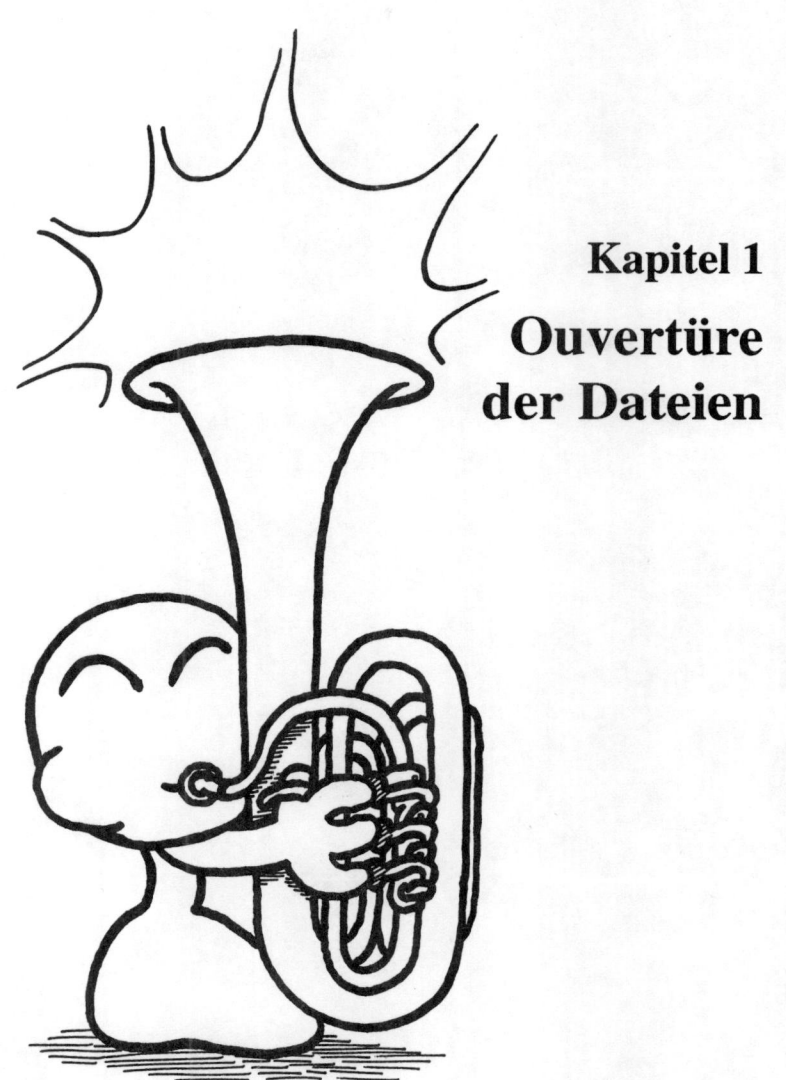

Kapitel 1

Ouvertüre der Dateien

Der neue DIRigent

Meine beliebte Partitur zum Aufmarsch der Dateien konnte bisher mit zwei sogenannten Schaltern modifiziert werden:

Wegen der enormen Beliebtheit der DIR-Musik (und weil das Repertoire des alten DIRigenten unter aller Kanone war) biete ich dir ab meiner fünften Symphonie fünf neue Schalter, von denen zwei sogar noch je fünf Unterschalter haben können.

13

Willkommen in der Hohen Schule des DIRigierens! Der erste neue Schalter ist (wie es sich für Musiker gehört) rein ästhetischer Natur. Dateinamen werden, wenn du willst, von mir in Kleinbuchstaben abgebildet.

Mit dem nächsten Schalter /A tun wir bereits einen Blick in die tieferen Schichten der Dateinatur, denn A führt uns in die geheimnisvolle Welt der Attribute (oder, einfacher: Arten).

Mit dem Artenschalter /A kannst du bei der Dateienparade diese fünf Arten beliebig dazu- oder wegschalten, auch in den wildesten Kombinationen. Die Zusatzschalter DRASH werden dabei direkt an den Hauptschalterbuchstaben A drangehängt:

Im fortgeschrittenen DOSinesisch kommt das unscheinbare Minuszeichen zu neuen Ehren. Es bewirkt sozusagen die negative Auslese bei der Artenwahl.

Damit dürfte es genügend Möglichkeiten geben für den verschärften DOSen-Unfug:

15

Der DOSenkenner wird sich fragen, was wohl passiert, wenn der Artenschalter ohne Unterschalter verwendet wird. Das Ergebnis ist eine echte Enthüllung.

Nächster Buchstabe unseres unsäglichen Merkworts PLASBOW ist der Schalter /S. Im DOSen-Englisch steht er für die Einbeziehung aller Subdirectories. Für die deutsche DOSe ist es schlichtweg der

Dabei kann es im Orchestergraben schon mal so voll werden wie bei einer schwer im Magen liegenden Symphonie von Gustav Mahler. Gut, daß es einen neuen Schalter gibt:

Du darfst übrigens alle neuen Schalter nach Herzenslust kombinieren. Zusammen mit dem Schachtelgucker vermittelt das Babyformat ein aufregend neues DIR-Gefühl:

Krönender Abschluß des verbesserten DIRigenten ist die lang ersehnte Möglichkeit, den Dateienaufmarsch in ordentlicher Reihenfolge stattfinden zu lassen. Bisher habe ich dir die Dateien so präsentiert, wie sie in meiner internen FAT-Liste eingetragen werden – also ziemlich durcheinander. In meinen alten Versionen konntest du sie nur mit dem Umweg über SORT sortieren. Jetzt aber gibt es

So ist alles schön aufgeräumt: Zuerst die Unterschachteln...

...dann die Dateien, alles in alphabetischer Reihenfolge.

Dieses nackte DIR /O ohne alles ist erst der Anfang. Nach meinem Motto „spät, aber dann richtig" läßt sich die Ordnung im Dateiensalat seit meiner Version 5.0 fünffältig feintunen.

DIR /OD ⏎

Ordnung **D**atumsmäßig:
Die Ältesten zuerst

Wieder ist das Minuszeichen ein wichtiges Hilfsmittel, weil es die Wirkungsweise der Ordnungsschalter umdreht. In der Praxis ist die Aufstellung nach dem Alter recht praktisch, aber meistens will man die jüngsten Dateien (die man gerade frisch geschrieben hat) als erste sehen:

DIR /O-D ⏎

Jugend vor!

Der DIRigent empfiehlt daher für den rauhen Alltag der PC-Schaffenden:

Der nächste Schalter ist nützlich für die fürchterlichen Gemischtwarenschachteln, in denen z.B. außer den geschriebenen Texten auch die ganzen Hilfs-, Drucker-, Rechtschreib- und Klimbimdateien des Textverarbeitungsprogramms herumgeistern.

DIR /OE ⏎

Ordnung **E**xtrem:
Antreten nach dem Nachnamen

Die Umkehrung /O-E stellt das Alphabet auf den Kopf und sortiert von Z bis A („absteigend"). Das kann sinnvoll sein im oben erwähnten Textmischmasch, denn die .TXT-Dateien landen dadurch ziemlich am Anfang.

Klüger ist es, für solche Zwecke gleich getrennte Schachteln einzurichten

KLAM.AUK   SAM.BA   BOS.SA   NO.VA   \WORD7\TEXTE   \WORD7

Die biedere Namensliste ist die am meisten verwendete Form der neuen DIRektion. Da der Nachnamensortierer /OE aber Dateien mit gleichem Nachnamen ebenfalls schön nach dem Vornamen anordnet, bleibt der Extrem-Ordner OE meist die schlauere Wahl.

Bei so vielen Möglichkeiten bleibt es nicht aus, daß vom neuen DIRigenten auch Unsinn wie dieses /OG angeboten wird. Denn die Schachteln präsentiere ich dir ja schon beim ganz normalen DIR /O als erstes.

Mit etwas Wohlwollen könnte man höchstens die Umkehrung DIR /O-G als etwas Nützliches betrachten. Beachte auch, daß ich (um ja keine Langeweile aufkommen zu lassen) die Sache mit den Unterschachteln mit drei verschiedenen Abkürzungen beglücke: DIR /AD beim Directory-Artenschalter, DIR /S beim Schachtelgucker und hier zu allem Überfluß mit DIR /OG.

19

Zum guten Schluß noch etwas wirklich Sinnvolles: Aufstellen wie beim Turnunterricht, nach dem altbekannten Orgelpfeifenprinzip. Wie du siehst, habe ich ein Herz für die Kleinen und stelle sie an den Anfang. Wenn du lieber die Dicken als erste sehen möchtest, genügt ein winziges Minuszeichen.

DIR, das nach wie vor meistgeliebte DOSenkommando, kann sich bei üppig gefüllten Schachteln eine kleine Ewigkeit lang auf dem Bildschirm hinziehen. Daher kannst du jeden Dateienaufmarsch schlagartig abbrechen mit

Danke für diese Frage! Denn DOS 5.0 **hilft** auch hier!

Bei Gefahr Dose öffnen

HELP ON LEINE!

Nach vielen Jahren Entwicklungsarbeit habe ich, das meistgekaufte Computerprogramm unseres Planeten Erde, endlich auch das, was jede Simpelsoftware schon seit prähistorischer Zeit besitzt: eine eingebaute Hilfefunktion. Dafür kann sie gleich auf zwei verschiedene Arten eingeschaltet werden. Im Falle von DIR geht das so:

HELP [Leertaste] **DIR** ⏎

Oder, meist etwas schneller:

Der Auskunfts-Schalter!

AUSKUNFT ?

DIR [Leertaste] **/ ?** ⏎

Daraufhin liefere ich eine hochpräzise und äußerst kompakte Anleitung für den Befehl DIR mit allen Schaltern und Abarten.

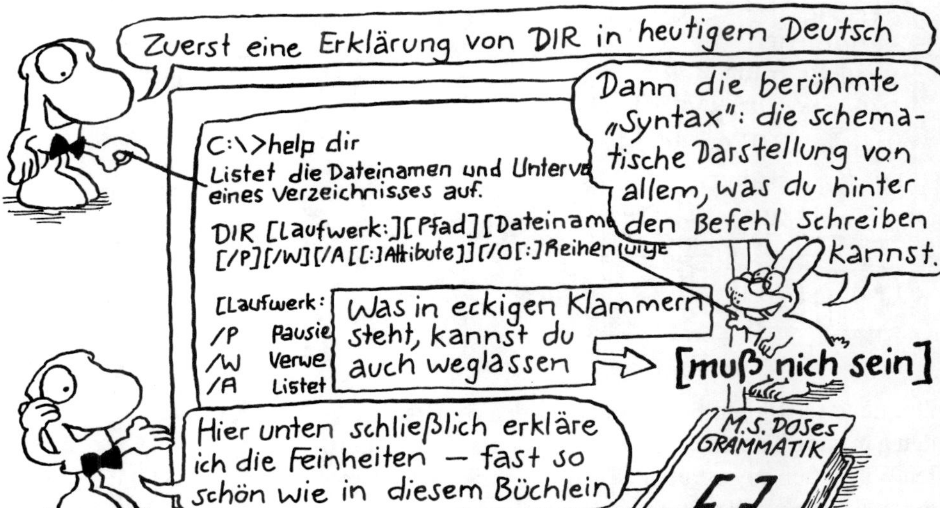

Zuerst eine Erklärung von DIR in heutigem Deutsch

Dann die berühmte „Syntax": die schematische Darstellung von allem, was du hinter den Befehl schreiben kannst.

C:\>help dir
Listet die Dateinamen und Unterve eines Verzeichnisses auf.

DIR [Laufwerk:][Pfad][Dateinam [/P][/W][/A[[:]Attribute]][/O[:]Reihen[uge

[Laufwerk:
/P   Pausie
/W   Verwe
/A   Listet

Was in eckigen Klammern steht, kannst du auch weglassen →

[muß nich sein]

Hier unten schließlich erkläre ich die Feinheiten — fast so schön wie in diesem Büchlein

M.S. DOSes GRAMMATIK [ ]

BATCHMAN!

Selbst für diesen Fall habe ich jetzt vorgesorgt: Bei
Eingabe des Hilfe-Kommandos pur...

Der neue DIRigient bietet dir sogar den Superservice,
den ganz normalen Befehl DIR nach deinen individuel-
len Wünschen zu gestalten. Wie das funktioniert, verrate ich dir in dem Kapitel über die Kellergeister.

Kapitel 2

Batchman!

Die hohe Schule der Hochstapelei

Mit dieser Art von Dateien werde ich ein unerschrockener Kämpfer gegen das Verbrechen der Unbequemlichkeit. Ich biete dadurch vielen Menschen ein neues Hobby, denn das Austüfteln immer gewitzterer Batchdateien ist so etwas wie das Kreuzworträtsel der PC-Welt.

Um eine Batchdatei laufen zu lassen, nur deren Vornamen eingeben:

...und ich führe den Stapel deiner Anweisungen Stück für Stück durch.

Wir wollen zum Üben die Datei ODIR.BAT basteln, die ein ordentliches DIR bewirken soll. Um so eine Stapeldatei herzustellen, brauchst du irgendeine Art von Textverarbeitung. Es genügt eine ganz einfache (ein sogenannter „Editor").

Die allereinfachste ist die in mir eingebaute Tastendirektkopiereinrichtung:

Nur ein klein wenig besser ist Opa EDLIN, der aus Pietätsgründen immer noch mit mir mitgelieferte Urahn:

Lichtjahre besser ist mein neuer Editor mit dem leicht zu merkenden Namen EDIT. Seit meiner Version 5.0 ebenfalls gratis dabei.

Oder du nimmst deine übliche Textverarbeitung. Damit ich etwas damit anfangen kann, mußt du die Datei ausdrücklich mit dem Nachnamen .BAT versehen und in der einfachsten Form abspeichern.

Sagen wir mal, du verstehst unter einem ordentlichen Dateienaufmarsch, daß die Dateien der Größe nach (dickste zuerst) auf einer leeren Bildfläche auftreten und automatisch stoppen, wenn der Bildschirm voll ist.

CLear Screen (Bildschirm löschen) sorgt erstmal für klare Verhältnisse

In Batchdateien ist es mir egal, ob du große oder kleine Buchstaben nimmst

ODIR.BAT

CLS ↵

DIR /O-S/P ↵

Die Amentaste bewirkt in der Batchdatei eine neue Zeile. Beim Ausführen ist sie wie ENTER

1 interne Befehle

COMMAND.COM

2 .COM

3 .EXE

4 .BAT

Hier ist der entsprechend aufgemotzte DIR-Befehl

Nach dem Schreiben die Datei ordnungsgemäß in der Schachtel \DOS abspeichern, damit sie dank P.A.T.H. von überall aus erreichbar ist. Jetzt hast du neben DIR einen verfeinerten DIR-Befehl namens ODIR. Ausprobieren!

Das Ganze funktioniert aber nur, wenn du keine Datei namens ODIR.EXE hast. Denn nach der hier gezeigten Hierarchie der Dateinachnamen kommen die .BAT-Dateien nur zur Ausführung, wenn es keine übergeordneten Kollegen mit dem gleichen Vornamen gibt. Deshalb kannst du dein neues Kommando auch nicht DIR.BAT nennen: Ich sehe zu allererst in der Befehlsliste meines guten Freundes COMMAND.COM nach und würde dessen gutes altes DIR-Kommando stets als erstes ausführen. Ungeeignet für deine Batch-Kreationen sind also alle diese Namen:

PROMPT DIR CALL CHCP RENAME REN ERASE DEL TYPE REM COPY PAUSE DATE TIME VER VOL CD CHDIR MD MKDIR RD RMDIR IF BREAK SHIFT FOR CLS LOADHIGH VERIFY LH SET PATH EXIT CTTY ECHO GOTO TRUENAME

Alles pfui!

27

Jedes Mal, wenn dein PC angeschaltet wird (also wenn er bootet)...

Haha! Ich höre, du würdest auch ohne Batchdateien zurechtkommen? Na, **eine** Batchdatei wirst du immer brauchen

Mich, Batchmans besten Freund, Robin AUTOEXEC.BAT!

AUTOEXEC.BAT
BATs EXEC-AUTO

...sucht er nach mir!

SCHMACK!

AUTOEXEC.BAT
```
VER
KEYB GR
PATH=C:\;C:\DOS
PROMPT=$P$G
CLS
TYPE MENU.TXT
```

Das war (für Leserinnen und Leser meines ersten Bandes) nichts Neues. In diesem Büchlein werde ich dich in die tieferen Schichten meiner Programmierbarkeit einführen. Als erstes eine gute Nachricht: Meine Programmiersprache besteht aus nur acht Kommandos.

Doch was sich damit alles machen läßt, wird dich beeindrucken!

CALL ECHO ECHO ECHO ECHO FOR GOTO IF REM PAUSE SHIFT

Ein anständiges Computerprogramm, sollte sich eigentlich von selber erklären. Das wollen wir erreichen durch die Erstellung der genialen Batchdatei HELFI.BAT...

Menschen mit gutem Reaktionsvermögen können wie immer mit Strg-S die über den Bildschirm rasenden Buchstaben stoppen. Besser aber ist es, wir gönnen HELFI.BAT nach dem Anzeigen jedes einzelnen Hilfebildschirms eine PAUSE:

Normalerweise schreibe ich zur Kontrolle die Anweisungen deiner Batchdatei schön sichtbar auf den Bildschirm. Ich bezeichne das recht malerisch als ECHO, sozusagen als eine Art Widerhall auf der Mattscheibe.

29

Du solltest es dir zur Gewohnheit machen, daß eine schöne Batchdatei mit Klammeraffe und ECHO OFF beginnt. Ein anderer nützlicher Brauch ist es, erläuternde Kommentare in deine Programme einzubauen, damit du später durchblickst, wenn du an ihnen weiterprogrammierst.

Das ist in unserem Beispiel ganz hilfreich, weil der platzsparende HELP-Befehl keine Überschrift hat. Damit klar wird, welches Batchkommando gerade erklärt wird, schreiben wir es mit dem Echo-Trick darüber. Dabei kannst du dich mit Rahmenzeichen austoben.

Meine erste Begegnung mit Batchmans Programmiersprache überzeugt mich nicht. Viel zu laaang!

Das war ja auch erst der Anfang!

Wie in jeder Programmiersprache gibt es auch im Batchinesischen stets mehrere Wege zum Ziel. Um unser HELFI-Programm abzukürzen, gibt es einen schönen Trick mit dem Befehl FOR. Strenggenommen handelt es sich um FOR, IN und DO.

Die Syntax dieses etwas verzwickten Geräts:

Das Dings (der ordentliche Name dafür ist "Variable") wird in einer Batchdatei immer mit zwei Prozentzeichen und einem beliebigen Buchstaben bezeichnet. Es muß nur vorne (nach FOR) und hinten (nach DO) der gleiche Buchstabe sein.

```
HELFI.BAT
@ECHO OFF
CLS
REM Ich bin HELFI.BAT Version 2.0!
FOR %%A IN (CALL ECHO FOR GOTO IF
PAUSE REM SHIFT) DO HELP %%A
```

FOR...IN...DO hat ein kleines Problem: Nach DO kann bloß ein einziger Befehl ausgeführt werden, dann setze ich bereits zur nächsten Runde an. Um unsere alte Schönheit wiederzuerlangen, mußt du mit verfeinerten Tricks von mir arbeiten. Dazu gehören die Übergabevariablen. Was das ist?

Wenn du mich durch die Eingabe des Dateivornamens dazu aufgerufen hast, das Programm zu starten...

...ziehe ich mich damit in meine Batchhöhle zurück und führe die Stapelbefehle Stück für Stück aus.

Doch es gibt einen Weg für dich, um mir in meine Höhle noch weitere Informationen mitzugeben: Du schreibst sie beim Aufrufen des Programms einfach hinter den Namen. Das sind sie schon, die Übergabevariablen.

33

Angenommen, du startest das Programm HELFI.BAT mittels folgender ausführlicher Eingabe, dann komme ich mit diesen Prozenttafeln an deine Botschaften heran:

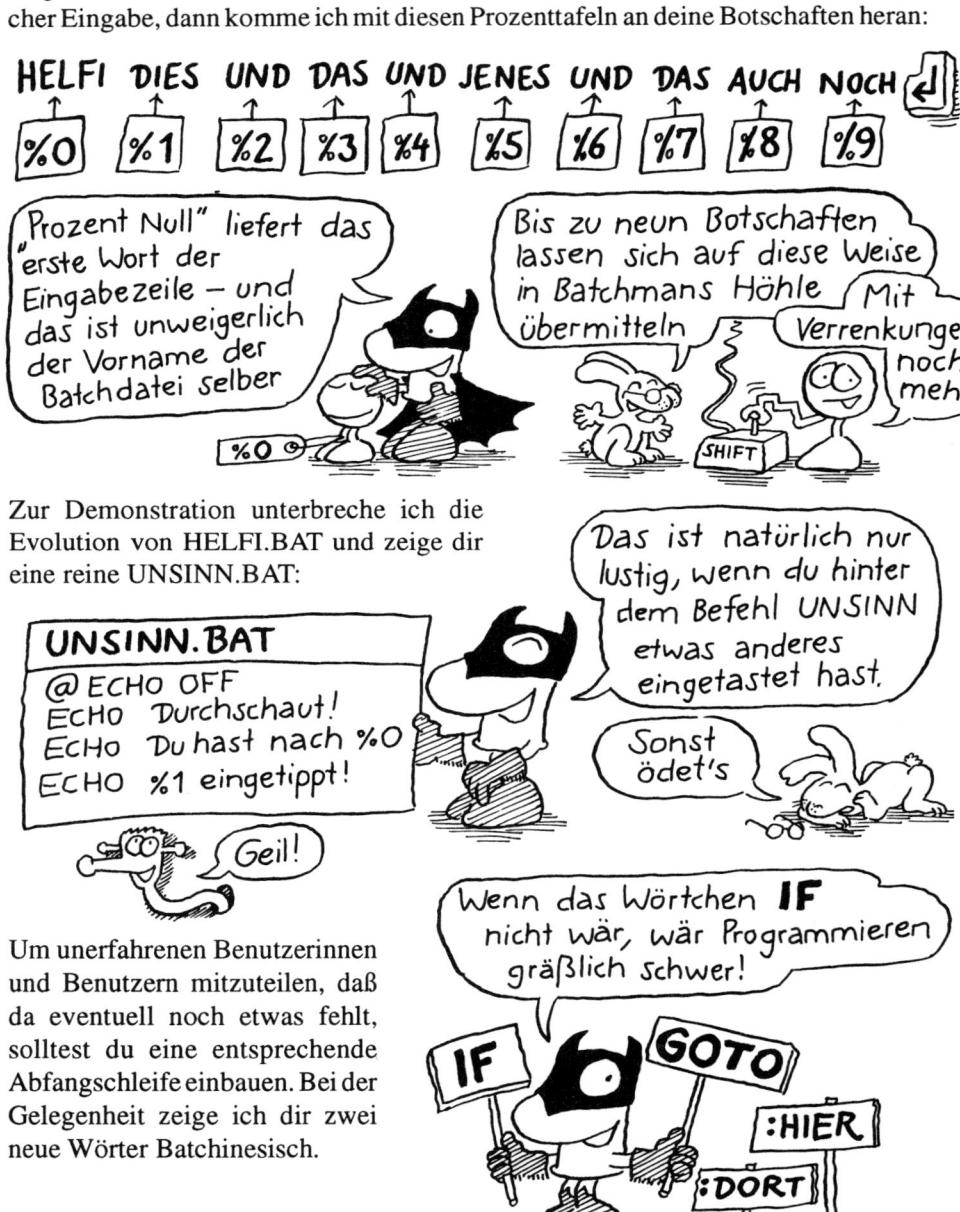

HELFI DIES UND DAS UND JENES UND DAS AUCH NOCH

%0 %1 %2 %3 %4 %5 %6 %7 %8 %9

"Prozent Null" liefert das "erste Wort der Eingabezeile – und das ist unweigerlich der Vorname der Batchdatei selber

%0

Bis zu neun Botschaften lassen sich auf diese Weise in Batchmans Höhle übermitteln

Mit Verrenkungen noch mehr

SHIFT

Zur Demonstration unterbreche ich die Evolution von HELFI.BAT und zeige dir eine reine UNSINN.BAT:

Das ist natürlich nur lustig, wenn du hinter dem Befehl UNSINN etwas anderes eingetastet hast.

UNSINN.BAT
```
@ ECHO OFF
ECHO  Durchschaut!
ECHO  Du hast nach %0
ECHO  %1 eingetippt!
```

Geil!

Sonst ödet's

Um unerfahrenen Benutzerinnen und Benutzern mitzuteilen, daß da eventuell noch etwas fehlt, solltest du eine entsprechende Abfangschleife einbauen. Bei der Gelegenheit zeige ich dir zwei neue Wörter Batchinesisch.

Wenn das Wörtchen **IF** nicht wär, wär Programmieren gräßlich schwer!

IF GOTO

:HIER

:DORT

"GOTO heißt „spring!"

Ein Wort mit Doppelpunkt davor ist eine Sprungmarke, also wohin gesprungen werden soll

:FEHLTWAS

:ENDE

Damit prüfe ich, ob hinter dem Dateiaufruf „UNSINN" noch etwas eingegeben wurde: WENN nicht, dann ergibt die Prozenttafel plus Ausrufezeichen nur ein Ausrufezeichen. Anstelle des Ausrufezeichens kannst du auch etwas x-beliebiges anderes nehmen.

UNSINN.BAT

```
@ECHO OFF
REM Das ist UNSINN.BAT 1.1
IF %1!==! GOTO FEHLTWAS
ECHO Durchschaut! Nach %0 hast
ECHO du %1 eingetippt!
GOTO ENDE
:FEHLTWAS
ECHO Hinter %0 mußt du,
ECHO mit Leerzeichen ge-
ECHO trennt, noch irgend-
ECHO was anderes eingeben
:ENDE
```

Eine Marotte von mir: Das Gleichheitszeichen versteh' ich nur, wenn's doppelt ist.

SO läuft's, wenn nur UNSINN eingegeben wurde...

...und so, wenn was dahinter stand.

Anstelle des Ausrufezeichens kannst du auch was anderes nehmen, aber **!** ist so praktisch

Versteht Master Batchman alles

```
IF %1.==. GOTO FEHLTWAS
IF %1xx==xx GOTO FEHLTWAS
IF "%1"=="" GOTO FEHLTWAS
```

:DONAUWÖRTH1

:DONAUWÖRTH2

DONAUWÖR

Sprungmarken dürfen übrigens so lang sein wie du willst. Aber ich lese immer nur die ersten acht Buchstaben. Also Obacht bei überlangen ähnlichen Namen!

Jetzt bist du fit für die verfeinerte Version von HELFI.BAT mit zwei Dateien. Eine Batchdatei kann eine andere Datei aufrufen. Wir wollen der zweiten Datei aber dabei noch etwas mitteilen.

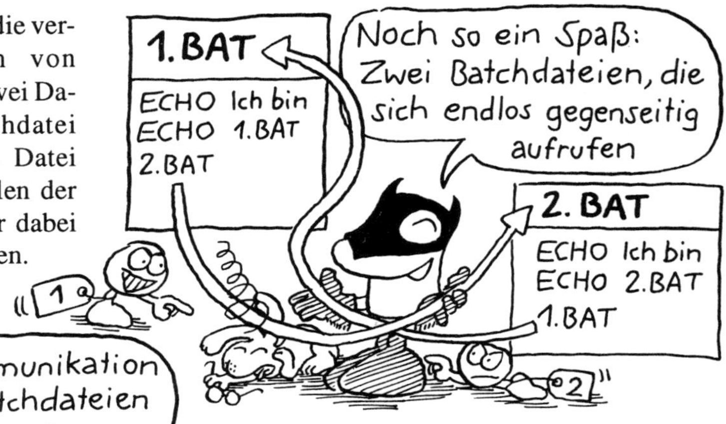

1.BAT
```
ECHO Ich bin
ECHO 1.BAT
2.BAT
```

Noch so ein Spaß: Zwei Batchdateien, die sich endlos gegenseitig aufrufen

2.BAT
```
ECHO Ich bin
ECHO 2.BAT
1.BAT
```

Für die Kommunikation zwischen Batchdateien habe ich den schönen Befehl **CALL**

CALL ruft eine zweite Batchdatei auf und kann dabei eine Variable übergeben.

CALL (Name der anderen Batchdatei) **%%A**

BATCH1 RUFT BATCH2!

Da ist es wieder, das Dings! (Kannst du auch %%B nennen oder sonstwie)

GIRL.BAT

Doch zurück zu HELFI.BAT und seinem Compagnon. An die Übergabevariable %%A kommt CO-HELFI.BAT mittels %1 heran:

HELFI.BAT
```
@ECHO OFF
CLS
REM Ich bin HELFI.BAT
REM Version 3.0 und
REM brauche CO-HELFI.BAT
FOR %%A IN (CALL ECHO FOR
   GOTO IF PAUSE REM SHIFT)
   DO CALL CO-HELFI.BAT %%A
```

Der Inhalt der Variablen %%A wird in CO-HELFI.BAT weiterverarbeitet

CO-HELFI.BAT
```
CLS
ECHO ----%1---
ECHO.
HELP %1
PAUSE
```

SLURP!

Ein weiterer Vorteil von CALL: Die so aufgerufene zweite Stapeldatei löscht die erste Datei nicht wie sonst aus dem Speicher, sondern läßt sie an der angefangenen Stelle weiterlaufen.

Als Gesellenprüfung für deine Zusammenarbeit mit mir präsentiere ich dir eine luxuriöse HELFI-Version, die alles mögliche leistet: Rufst du HELFI ohne Anhängsel auf, funktioniert sie so wie die vorherige Version. Gibst du hinter HELFI aber einen oder mehrere Befehle meiner Batchsprache an, werden dir die Hilfetexte dazu fein säuberlich einzeln angezeigt.

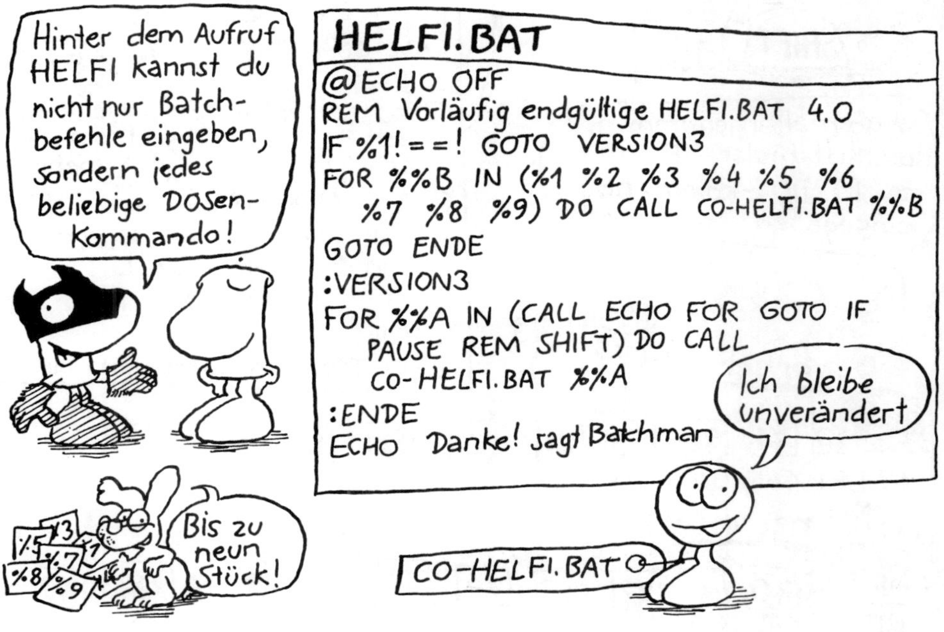

Hinter dem Aufruf HELFI kannst du nicht nur Batchbefehle eingeben, sondern jedes beliebige DOSen-Kommando!

Bis zu neun Stück!

HELFI.BAT

```
@ECHO OFF
REM Vorläufig endgültige HELFI.BAT 4.0
IF %1!==! GOTO VERSION3
FOR %%B IN (%1 %2 %3 %4 %5 %6
    %7 %8 %9) DO CALL CO-HELFI.BAT %%B
GOTO ENDE
:VERSION3
FOR %%A IN (CALL ECHO FOR GOTO IF
    PAUSE REM SHIFT) DO CALL
    CO-HELFI.BAT %%A
:ENDE
ECHO  Danke! sagt Batchman
```

Ich bleibe unverändert

CO-HELFI.BAT

37

Und wenn jemand mehr als neun Befehle erklärt haben möchte? Dann brauchst du den letzten meiner acht Batchbefehle:

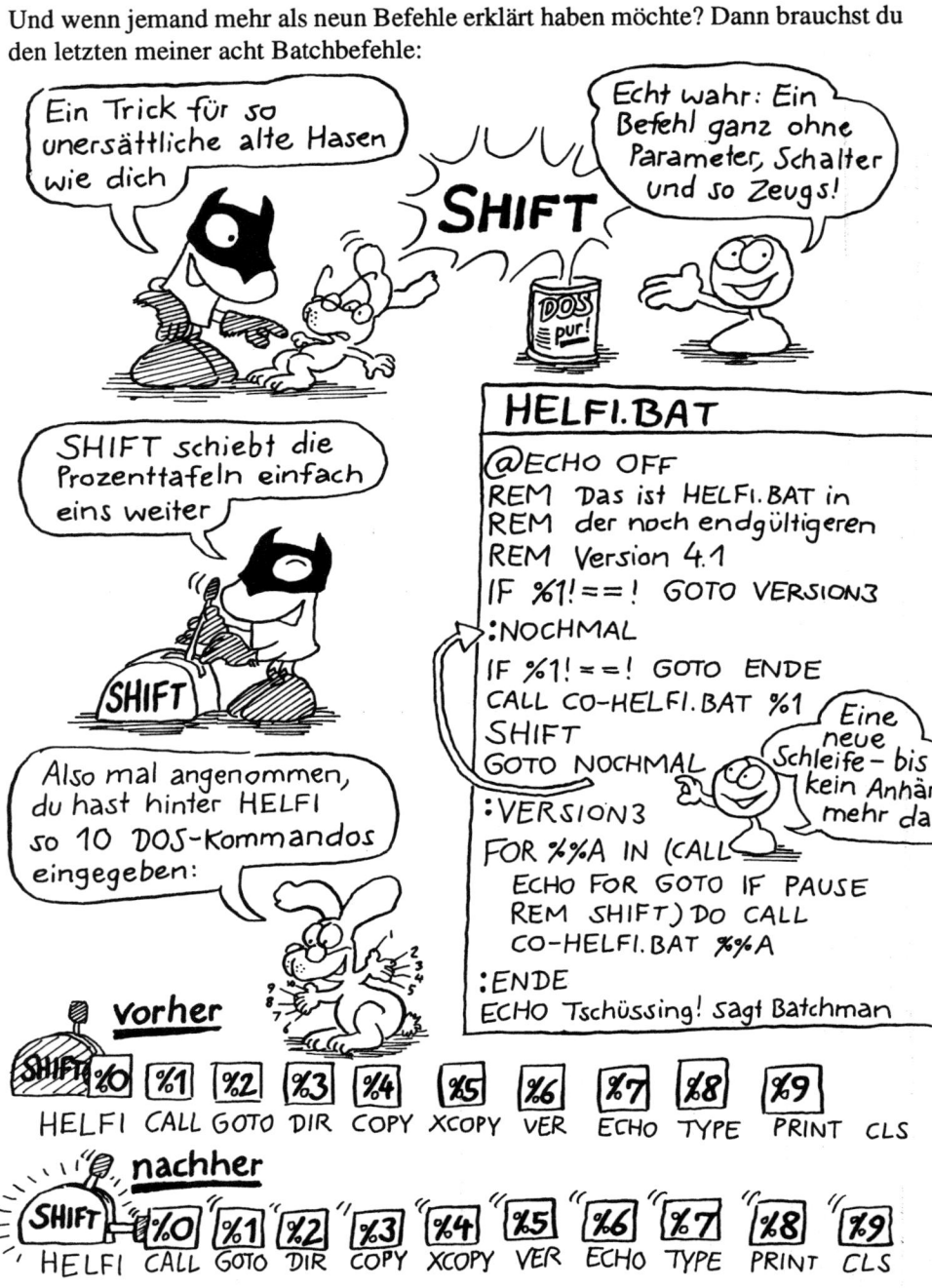

Ein Trick für so unersättliche alte Hasen wie dich

SHIFT

Echt wahr: Ein Befehl ganz ohne Parameter, Schalter und so Zeugs!

DOS pur!

SHIFT schiebt die Prozenttafeln einfach eins weiter

SHIFT

Also mal angenommen, du hast hinter HELFI so 10 DOS-Kommandos eingegeben:

HELFI.BAT

```
@ECHO OFF
REM  Das ist HELFI.BAT in
REM  der noch endgültigeren
REM  Version 4.1
IF %1!==! GOTO VERSION3
:NOCHMAL
IF %1!==! GOTO ENDE
CALL CO-HELFI.BAT %1
SHIFT
GOTO NOCHMAL
:VERSION3
FOR %%A IN (CALL
  ECHO FOR GOTO IF PAUSE
  REM SHIFT) DO CALL
  CO-HELFI.BAT %%A
:ENDE
ECHO Tschüssing! sagt Batchman
```

Eine neue Schleife – bis kein Anhängse mehr da ist

vorher

SHIFT %0 %1 %2 %3 %4 %5 %6 %7 %8 %9
HELFI CALL GOTO DIR COPY XCOPY VER ECHO TYPE PRINT CLS

nachher

SHIFT %0 %1 %2 %3 %4 %5 %6 %7 %8 %9
HELFI CALL GOTO DIR COPY XCOPY VER ECHO TYPE PRINT CLS

typisch Computerprogramm:
DIE EVOLUTION VON HELFI

Dadurch vereinfacht sich sogar unser Programm ein bißchen, da ich immer nur die Prozenttafel %1 anschauen muß – die nach jeder „GOTO NOCHMAL"-Schleife eins weiter zum Ende rutscht. Damit kannst du ziemlich viele Anhängsel hinter HELFI schreiben. Allerdings nicht endlos, denn nach insgesamt 128 Zeichen ist der Speicher für meine Eingabezeile voll.

Kapitel 3

Beginn mit Butler

Konfigurationsdatei

SYStematisch bedient

Ich, M.S.DOSe alias BATCHMAN, bestehe eigentlich nur aus drei Dateien.

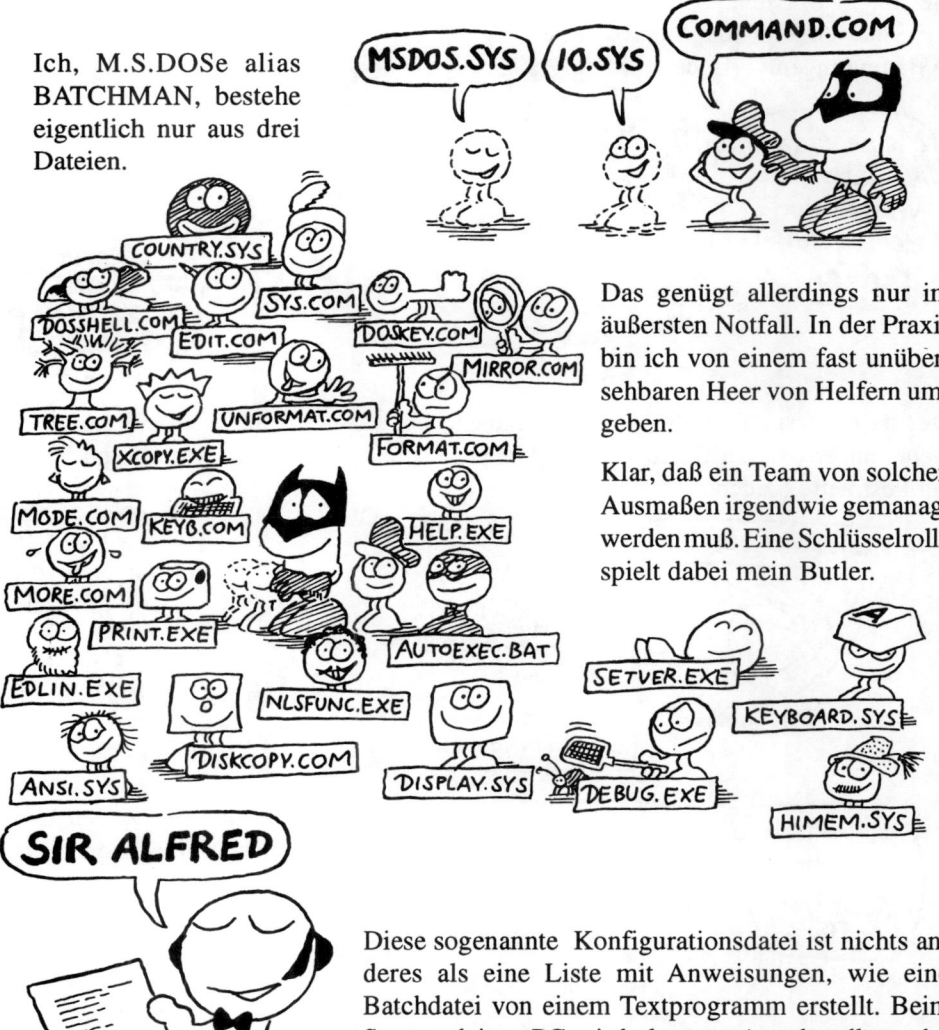

Das genügt allerdings nur im äußersten Notfall. In der Praxis bin ich von einem fast unübersehbaren Heer von Helfern umgeben.

Klar, daß ein Team von solchen Ausmaßen irgendwie gemanagt werden muß. Eine Schlüsselrolle spielt dabei mein Butler.

Diese sogenannte Konfigurationsdatei ist nichts anderes als eine Liste mit Anweisungen, wie eine Batchdatei von einem Textprogramm erstellt. Beim Starten deines PC wird als erste Amtshandlung der Inhalt von CONFIG.SYS gelesen – noch bevor AUTOEXEC.BAT in Aktion tritt.

Für meinen Hausdiener Alfred Config habe ich ein paar Kommandos parat, die nur er versteht. Sie dienen alle dazu, daß ich für meine Arbeit optimale Bedingungen vorfinde.

Der zugehörige Befehl in Alfreds To-Do-Liste lautet

BUFFERS = eine Zahl zwischen **1** und **99**

Der Hintergrund: Jedesmal, wenn ein Programm Daten von der Festplatte braucht...

...hole ich ich sie von der Platte...

...und serviere sie auf einem Kartoffelpuffer.

Je mehr Puffer zur Verfügung stehen, umso schneller können datenhungrige Programme speisen.

Wie viele solcher Datenpuffer der Butler reservieren soll, schreibt man ihm in seine Liste. Die optimale Anzahl hängt vor allem ab von der Größe der Festplatte.

bis 40 Megabyte: **BUFFERS = 20**

bis 79 Megabyte: **BUFFERS = 30**

bis 119 Megabyte: **BUFFERS = 40**

über 119 Megabyte: **BUFFERS = 50**

Mein Standardwert (wenn du in CONFIG.SYS buffermäßig gar nichts einträgst) beträgt bei einem normalen PC höchstens 15 Buffers. Manche Programme (vor allem Datenbanken) benötigen grundsätzlich viele Buffer und verändern bei ihrer Installation den Befehl in CONFIG.SYS von sich aus.

Das Maximum sind übrigens 99 Kartoffelpuffer. Sind mehr immer besser? Oh nein, wie im richtigen Leben kommt es auf das vernünftige Maß an.

Denn: Jeder Puffer kostet Chip-Speicherplatz

Macht genau **528 Byte** pro Reibekuchen

Erschwerend kommt hinzu:

Wenn ich auf zu viele Puffer gucken muß, ist DOSes Plattenholerei genauso flink

Rechnung:
50 Buffer =
26 Kilobyte
weniger
RAM

99

15

Normal   max.

45

Meine Methode der Zwischenspeicherung von Dateien auf Puffern ist eine vergleichsweise schlichte Art der Zeitersparnis. Weit effektiver erledigen das die Spezialisten, sogenannte Cache-Programme (gesprochen „kasch", heißt ungefähr „Zwischenlager"). Hast du ein solches installiert, hilft dir der Butler, Speicherplatz zu sparen, indem du weniger als die 15 Buffer der Grundeinstellung reservierst.

Mit der Länge dieser Liste verhält es sich ähnlich wie mit den Kartoffelpuffern: Mehr ist besser, aber jeder Eintrag kostet Speicherplatz (hier knapp 50 Byte). Ein praktikabler Mittelwert lautet

Butler Alfreds Lieblingszeile ist der vieldeutige Begriff:

DEVICE = furchtbar viele Möglichkeiten

Zu deutsch heißt das so viel wie „Gerätschaft". Eine dieser Gerätschaften ist

DIE GEISTERPLATTE

...aber das Grundbekenntnis der Computerindustrie lautet bekanntlich:

MEHR IST IMMER BESSER!

Daher läßt sich mit dieser CONFIG.SYS-Zeile ein weiteres Laufwerk einrichten:

DEVICE = C:\DOS\RAMDRIVE.SYS 380 /E

...führt mitten hinein in das Wunderland von M.S.DOSes Speichergebirge. Fürs erste muß die Erklärung genügen, daß der Schalter /E für jeden sinnvoll ist, der mindestens einen 286er mit mindestens 1 Megabyte RAM besitzt. Wenn du deinen PC dann neu startest...

Wie eine neue Festplatte läßt das neue Laufwerk D: alles mit sich machen:

Daher ist eine RAM-Geisterplatte besonders sinnvoll für die „temporären" Hilfs-dateien vieler Programme, die nur während der Zeit des Programmablaufs benötigt werden. Wirklich empfehlenswert ist RAMDRIVE für PCs, die keine Festplatte haben (da wird der Geisterplatte dann der Name C: zugewiesen). Wer es ganz bunt treiben will, kann mit mehreren DEVICE=RAMDRIVE.SYS-Zeilen sogar mehrere Gespensterscheiben einrichten. Dabei wird er aber zunächst auf ein Problem stoßen:

Dies geschieht mit dem Befehl
im Butler CONFIG.SYS:

49

Das kostet natürlich wieder was: 88 Byte Speicher pro ungenutztem Laufwerksbuchstaben. Wer kein Laufwerk D: braucht, kann daher aus lauter RAM-Geiz eingeben:

Ha! Das spart 176 kostbare Byte! (gegenüber LASTDRIVE=Z sogar 2 Kilobyte)

LASTDRIVE = C

Wow, so ein heißes 2,88-Megabyte-Triebwerk muß auch in meine DOSe!

NEU!

TURBO DISKO / mit ABS / und Lizenz zum Löten

Die Verwaltung der Gerätschaften durch den Butler wird auch wichtig, falls du nachträglich ein weiteres Diskettenlaufwerk in deinen PC einbauen möchtest.

Dazu gibt es einen Treiber mit dem etwas nichtssagenden Namen DRIVER.SYS.

Ich Kameltreiber für höckeriges Laufwerk

Isis und Dosiris!

Immer noch besser als BACKSEATDRIVER.SYS

DRIVER.SYS

Hast du in deinem PC Platz gefunden für eines der neuen 3,5-Zoll-Laufwerke, die die Disketten extra eng mit 2,88 Megabyte vollquetschen, dann mußt du Butler CONFIG.SYS durch folgende Meldung davon in Kenntnis setzen:

DEVICE = C:\DOS\DRIVER.SYS /D:2 /F:9

Hinter /D: kommt die laufende Nummer des leibhaftigen **D**iskettenlaufwerks (wobei das erste Nummer Null hat)

Hinter /F: steht die Kennzahl für das Disketten**F**ormat

in unserem Beispiel:

D:0
D:1
D:2 DAS NEUE

F:0
F:1 1,22MB
F:2 720K
360K
F:7 1,44 MB
F:9 2,88 MB

Art und Anzahl der in deinem PC ab Werk eingebauten Disketten- und Festplattenlaufwerke sind im Festspeicher ROM und in speziellen Setup-Einrichtungen des Geräts gespeichert. Die Buchstaben der neuen Laufwerke richten sich nach der Reihenfolge der DEVICE-Befehle in des Butlers Liste.

Weitere Devices unter der Aufsicht des Butlers sind allerlei Treiber für Netzwerke sowie die vielfältigen Kletterwerkzeuge für den RAMalaya (darüber später mehr).

51

Für einen guten Butler darf es auch keine Fremd-sprachenprobleme geben

Klaro!

Naturalmente!

Карашо!

Sääpuulainen!

Die Sprache (CD) der Besten im DOSten und im Westen

ICK SPRECHEN
I CAN TALK
JE PARLINSKI
DOSPERANTO

Bei einem derart weltumspannenden Thema lohnt es sich, etwas auszuholen:

Batchman beziehungs-weise Sir DOSe beachtet die Feinheiten folgender Sprachen:

AUSTRALISCH 061
BRITISCH 044
US-AMERIKANISCH 001
UNGARISCH 036
TSCHECHISCH 042
SLOWAKISCH 042
SPANISCH 034
FRANKO-SCHWEIZERISCH 041
SCHWYZERDÜTSCH 041
SCHWEDISCH 046
PORTUGIESISCH 351
POLNISCH 048

BELGISCH 032
BRASILIANISCH 055
DÄNISCH 045
DEUTSCH 049
ENGLISCH 061
(INTERNATIONAL)
FINNISCH 358
FRANZÖSISCH 033
ITALIENISCH 039
JUGOSLAWISCH 038
(NOCH)
FRANKOKANADISCH 002
LATINOSPANISCH 003
NIEDERLÄNDISCH 031
NORWEGISCH 047

Wenn Ihr Land dabei ist, merken Sie sich bitte die dahinterstehende Kennziffer und blättern um.

Aber kaa ÖSTERREICHISCH

Auch RUSSISCH fehlt. Aber es gibt ein komplett kyrillisches DOS, nastrowje!

Immer DOSselbe: MALEN NACH ZAHLEN

DOSwidanja
Gültig von Ulan BATor bis WladiDOStok

DOSKA

Normalerweise richte ich dir bei meiner Installation (ab 5.0 mache ich das wirklich gut) automatisch deine Sprache ein. Aber weil man sich nie auf Automaten verlassen soll, hier am Beispiel Deutsch und Amerikanisch etwas über die Hintergründe:

All das stelle ich auf deutsche Gepflogenheiten um, wenn mein Butler die entscheidende Zeile enthält:

COUNTRY=049

049 ist (sehr praktisch) die internationale Telefonvorwahl für Deutschland

Wenn aber bei mir nichts ankommt?

Dann hat das einen einfachen Grund:

53

Damit der COUNTRY-Befehl klappt, benötige ich die Datei COUNTRY.SYS. Ich erwarte, daß sie sich in der Hauptschachtel C:\ befindet. Ist das nicht der Fall, bleibe ich englisch. Der Roboter P.A.T.H. funktioniert bei Butler Config nicht, da er erst etwas später mit Hilfe der AUTOEXEC.BAT installiert wird.

Ordentliche Leute, die alle meine Hilfsdateien in der \DOS-Schachtel haben, müssen daher den genauen Aufbewahrungsort von COUNTRY.SYS angeben:

$$COUNTRY = 049,, C:\DOS \COUNTRY.SYS$$

Die zwei Kommas müssen sein. Dazwischen ist Platz für eine weitere Kompliziertheit.

Huhu! C:\DOS Aha! PATH noch außer B.Trieb

Für mich sind alle Buchstaben und Zeichen eigentlich nur Nummern. Welches Zeichen ich bei welcher Zahl anzeige, steht auf einer sogenannten Codeseite. Sie ist fest eingespeichert in meinem unlöschbaren Chipspeicher ROM.

Schøn!

155 = ø
156 = Ł
157 = Ø
158 = ×
159 = ƒ
usw.

Alle Wege führen zum ROM

Bei deinem deutschen PC ist die Codeseite Nummer 850 „mehrsprachig lateinisch I" Standard. Willst du die englische Standardseite 437 laden, kannst du das mit dem COUNTRY-Befehl zwischen den Kommas tun.

Is ja phandostisch. Aber wann brauch i dös?

Nie, Sir

$$COUNTRY = 049,437,C:\DOS\COUNTRY.SYS$$

Daher brauche ich auch nicht zu erklären, daß die alternative Codeseite nur funktioniert, wenn vorher mit dem Gerätschafts-Kommando die Datei DISPLAY.SYS aktiviert wurde:

DEVICE = C:\DOS\DISPLAY.SYS CON=(EGA,437,1)

Ebenso unnötig ist der Hinweis, daß der Drucker ebenfalls mit der neuen Codeseite gefüttert werden muß, um die alternativen Zeichen auszuspucken.

DEVICE = C:\DOS\PRINTER.SYS LPT1=(5202,437,1)

Völlig überflüssig ist schließlich die Beschreibung zum Funktionieren des „National Language Support"...

INSTALL= C:\DOS\NLSFUNC.EXE

...und der Befehl „Change Code Page", der zum Hin- und Herschalten zwischen der eingebauten und alternativen Codeseiten verwendet wird (nicht in Butler CONFIG, sondern ganz manuell hinter meinem Gaudizacken einzugeben):

CHCP 850 ↵   **CHCP 437** ↵

Hier weiterlesen!

Was du wissen darfst: Die Zeichen 1–128 bleiben sowieso immer gleich (da sind alle normalen Buchstaben und Zeichen drin). Die deutschen Ä, Ü, Ö und ß sind auf den Seiten 850 und 437 ebenfalls an der gleichen Stelle. Aber durch die Auswechselbarkeit bin ich auf eventuell entstehende zusätzliche Sprachen vorbereitet.

In diesem Buch, das sich bekanntlich einen Dreck kümmert um Vollständigkeit, will ich trotzdem noch zwei ziemlich abseitige Fremdwörter aus Butler CONFIGs Vokabular erwähnen.

FCBS bezeichnet die maximale Anzahl von Dateien, die ein Programm gleichzeitig benutzen kann und reserviert dafür ein Stückchen Speicher. Moderne Software benötigt das fast nie mehr. Der Befehl ist daher wieder einmal interessant für die RAM-Geizhälse.

Falls sich ein Programm beschwert, mußt du notfalls den FCBS-Wert erhöhen oder die FCBS-Zeile wieder aus des Butlers Liste streichen.

Ähnlich verhält es sich mit STACKS. Damit stecke ich (bei 286er-Prozessoren und höher) ein RAM-Gebiet für bestimmte Signale an die Hardware ab. Die Minimallösung heißt hier

STACKS = 0,0

In aller Regel geht das gut.

Jetzt aber, wie es sich gehört, ein echter Batchman. Mit dieser sinnreichen Stapeldatei kannst du zwischen zwei CONFIG.SYS-Dateien hin- und herschalten.

RAM-JA.SYS enthält die Zeile für die Einrichtung einer Geisterplatte.

RAM-NEIN.SYS enthält sie nicht.

RAM-JA.SYS

```
DEVICE=ZANGE.SYS /KOMBI
DEVICE=HAMMER.SYS /HOLZ
DEVICE=C:\DOS\RAMDRIVE.SYS 380 /E
DEVICE=HARKE.SYS
```

RAM-NEIN.SYS

```
DEVICE=ZANGE.SYS /KOMBI
DEVICE=HAMMER.SYS /HOLZ
DEVICE=HARKE.SYS
```

Mit dem Kommando GEIST JA wird die Datei RAM-JA.SYS zur CONFIG.SYS gemacht, mit dem Befehl GEIST NEIN die Datei RAM-NEIN.SYS. Eine eventuell existierende CONFIG.SYS wird sicherheitshalber vorher gerettet und zu CONFIG.SIK umbenannt.

GEIST.BAT

```
@ECHO OFF
IF %1 == "JA" GOTO JA
IF %1 == "NEIN" GOTO NEIN
ECHO Nach Geist bitte JA
ECHO oder NEIN eingeben
GOTO ENDE
:JA
REN CONFIG.SYS CONFIG.SIK
REN RAM-JA.SYS CONFIG.SYS
GOTO TSCHÜS
:NEIN
REN CONFIG.SYS CONFIG.SIK
REN RAM-NEIN.SYS CONFIG.SYS
:TSCHÜS
ECHO Jetzt neu starten!
:ENDE
```

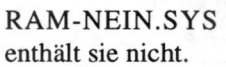

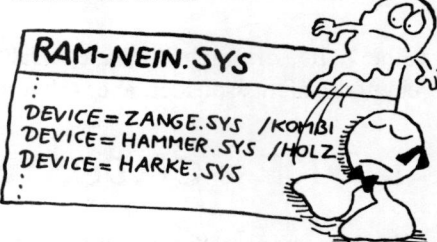

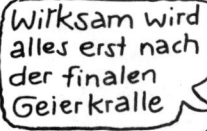

Ein guter Butler kümmert sich ohne Murren auch um unscheinbare Kleinigkeiten. Eine davon ist die verbesserte Notbremse.

Normalerweise reagiere ich auf diese Bremse nicht, wenn ich gerade mit Disketten oder Festplatten befaßt bin.

Doch mit dieser einfachen Bitte an mich wird Sir DOSe in dieser Hinsicht aufmerksamer

BREAK = ON

Eine Zeile, die nichts schadet. Daher mein Tip: reinschreiben! Eine Zeile, die ebenfalls nichts schadet, aber selten gebraucht wird, ist das Betrügerlein.

DEVICE = C:\DOS\SETVER.EXE

Wenn es devicemäßig im Butler installiert ist, funktioniert folgender kleiner Trick.

Es gibt alte Programme, die eine bestimmte alte Version von mir benötigen

Mit diesem Befehl können wir OPI etwas vorschwindeln:

Damit wird OPI in meine Schwindelliste aufgenommen

Hach, ich brauche das gute alte DOS 3.00

SETVER OPI.EXE 3.00

SETVER
BAN.EXE 4.00
DD.BIN 4.01
ZFMT.SYS 4.01
OPI.EXE 3.00

Meist aber braucht das keiner. Daher: die SETVER-Zeile getrost weglassen!

Kapitel 4
Der erste Stapellauf

Batchmans Kellergeister

Denn er ist die erste Datei, die ich mir nach dem Einschalten des Computers und den vorbereitenden Maßnahmen des Butlers Alfred CONFIG.SYS zu Gemüte führe. Im Gegensatz zum Butler ist er aber eine ganz normale Stapeldatei – mit ein paar pubertären Eigenheiten.

Wie Butler CONFIG wird auch AUTOEXEC von mir automatisch eingerichtet. Perfekt wird unser Zusammenleben allerdings erst, wenn du Robin liebevoll nachbearbeitest.

Als erstes (nach einem zünftigen @ECHO OFF, wie es sich für eine schikke Stapeldatei gehört) setze ich den vielzitierten Patentierten Automatischen TeleHelfer in Betrieb.

```
PATH   C:\DOS; C:\; C:\WORD;C:\WINDOWS; C:\SONSTWO
```

Falls die 127 Zeichen nicht reichen, ist es am einfachsten, deinen Schachteln kürzere Namen zu geben.

```
PATH   C:\DOS; C:\; C:\WD; C:\WIN;C:\SW; C:\USW; C:\USF
```

Schau doch mal rein! Dazu braucht man nur als ganz normalen Befehl eingeben (nach meinem Gaudizacken):

Und schon zeige ich dir eine Liste mit allen meinen sogenannten Umgebungsvariablen.

Die meisten Kellergeister werden von Robin AUTOEXEC ins Leben gerufen.

Das geschieht ebenfalls mit dem SET-Kommando:

SET (Variablenname) **=** (Variableninhalt)

Ein Sonderfall sind meine beiden beliebtesten Kellergeister, PATH und PROMPT. Um es dir einfacher zu machen, kannst du bei diesen beiden sowohl das Wort SET als auch das Gleichheitszeichen weglassen.

C:\COMMAND.COM

COMSPEC

PROMPT PG

SET PROMPT=PG

Diese beiden Zeilen bewirken dasselbe

Mein Begrüßungs-zeichen, den PROMPT, kannst du mit diesen geheimnisvollen Dollar-buchstaben ganz nach deinem Geschmack stylen

die aktuelle Zeit anzeigen $T

Der Standard-Sowosamma-Neger PG

das heutige Datum $D

C:\>

So, wo samma?

in welcher Papp-Schachtel du gerade bist $P

Neue Zeile $_

Oder irgendeinen beliebigen Text

$G Gaudi-zacken

SET PROMPT=Huhu, hier bin ich!

Huhu, hier bin ich!

meine Versions-nummer $V

5.00

$H Eins nach Hinten und löschen!

Als Krönung der bisherigen Prompt-Kunst präsentiere ich dir hier (Weltpremiere!) den ultimativen

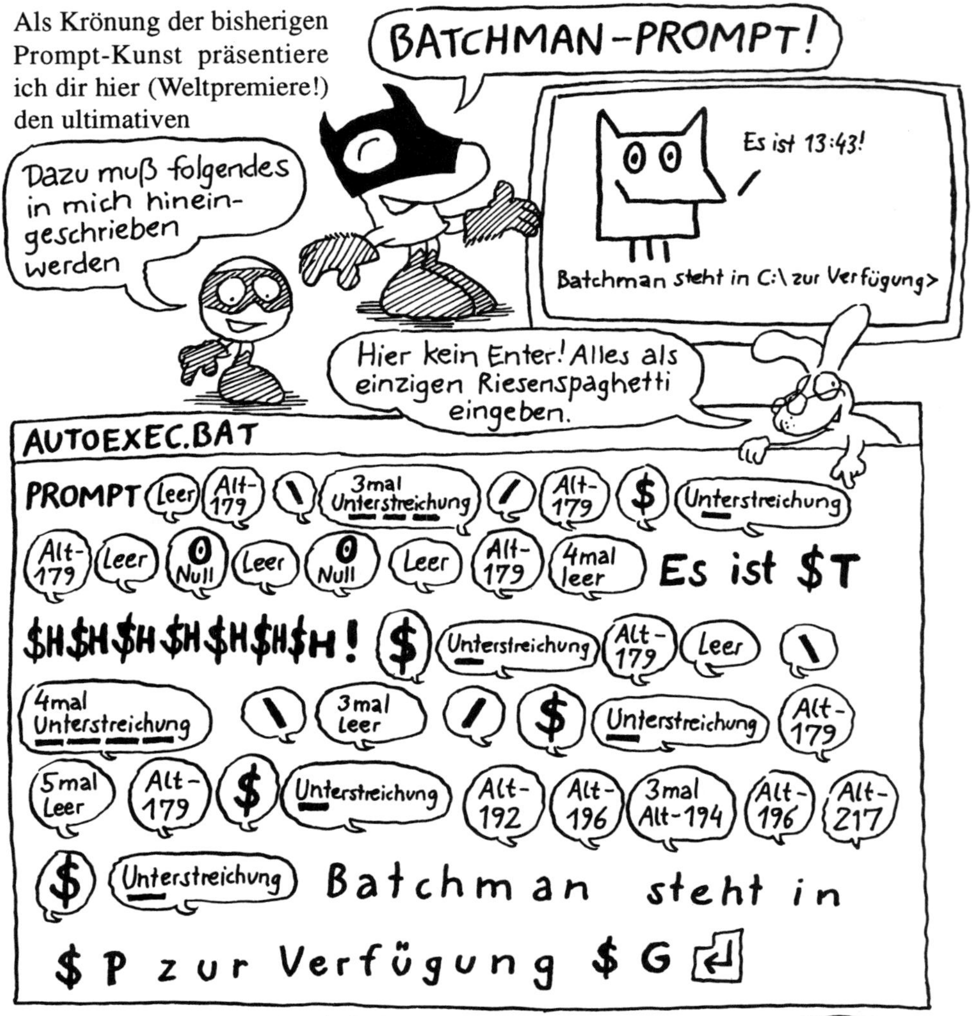

BATCHMAN-PROMPT!

Dazu muß folgendes in mich hinein-geschrieben werden

Es ist 13:43!

Batchman steht in C:\ zur Verfügung>

Hier kein Enter! Alles als einzigen Riesenspaghetti eingeben.

AUTOEXEC.BAT

PROMPT (Leer)(Alt-179)(\)(3mal Unterstreichung)(/)(Alt-179)($)(Unterstreichung)(Alt-179)(Leer)(0 Null)(Leer)(0 Null)(Leer)(Alt-179)(4mal leer) **Es ist $T**

**$H $H $H $H $H $H $H !** ($)(Unterstreichung)(Alt-179)(Leer)(\)(4mal Unterstreichung)(\)(3mal Leer)(/)($)(Unterstreichung)(Alt-179)(5mal Leer)(Alt-179)($)(Unterstreichung)(Alt-192)(Alt-196)(3mal Alt-194)(Alt-196)(Alt-217)

($)(Unterstreichung) **Batchman steht in $P zur Verfügung $G** ⏎

Nicht erschrecken – es ist einfacher, als es aussieht (das siebenfache $H löscht die Hundertstelsekunden, die ich bei $T ausgebe). Ich habe es für dich nur extra ausführlich aufgeschrieben. Aber beim Ausprobieren kann dir ein kleines Mißgeschick widerfahren...

Es ist

Da fehlt doch was!

Der Grund ist einfach (wenn man ihn weiß): Im Keller ist nicht genug Platz. Normalerweise stelle ich ihm 256 Byte zur Verfügung. Mit einem derart aufgemotzten Prompt kann das aber bereits zu knapp sein. Die Vergrößerung des Kellerraums ist eine Aufgabe für Butler CONFIG.SYS.

Das /P am Ende besagt nur, daß COMMAND.COM permanent in den Speicher des Computers geladen werden soll. Wenn die ganze SHELL-Zeile weggelassen wird, suche ich meinen Kommandanten in der Hauptschachtel und baue einen 256 Byte kleinen Keller.

Als ich erfunden wurde, war es noch Brauch, daß sich Programmierer von echtem Schrot und Korn den Befehlsinterpreter fürs Betriebssystem selber schreiben. Außer dem Autor des Shareware-Befehlsinterpreters 4DOS hat das bisher aber kaum jemand getan.

Die Sache mit dem Prompt läßt sich zum eigenen Hobby ausbauen

Creative Prompts Unlimited e.V. CPU

Mit dem SET-Befehl kannst du auch eigene Kellergeister mit selbst erfundenen Namen auf die Welt bringen...

Farbige und blinkende Gaudizacken lassen sich mit sogenannten Escape-Sequenzen ($E[) und dem schrulligen Amerikanischen Nationalen Standard Interface ANSI.SYS herstellen. Dieses sonderbare Gerät muß mit der Zeile DEVICE=C:\DOS\ANSI.SYS bei Butler CONFIG vorbestellt werden.

SET DOSE = BATCHMAN

PROBE.BAT

```
ECHO Ich heiße
ECHO jetzt %DOSE%!
```

DOSE

...und in Batchdateien auf diese Variable zugreifen. Dazu muß der Name des Kellergeistes (mal wieder) zwischen Prozentzeichen gesetzt werden.

Auch die von mir standardmäßig ins Leben gerufenen Kellergeister PATH, PROMPT usw. lassen sich so in deine Batchdateien einbauen. Hier eine Stapeldatei, die das schamlos ausnützt. Wenn du möchstest, daß ich auch in der Schachtel \ABSURDES nach Programmen suche, gibst du ein:

TUINPATH.BAT

```
@ECHO OFF
ECHO Der Path-Roboter sucht
ECHO ab sofort auch in %1
SET PATH=%1; %PATH%
```

Ich tu Absurdes in den Path!

ABSURDES

PATH

TUINPATH C:\ABSURDES ⏎

66

Wie versprochen, keltere ich dir einen neuen DIR-Befehl, nach deinem ganz persönlichen Geschmack. Wie wär's damit: zuerst Schachteln, dann nach Nachnamen sortierte Dateien und nach einem Bildschirm eine Kunstpause.

Wenn du nun den beliebten normalen DIR-Befehl eingibst, reagiere ich, als ob du DIR /OGE /P eingetastet hättest. Willst du die Nachnamen einmal umgekehrt sortiert sehen, wird durch DIR /O-E die entsprechende Einstellung des Kellergeistes kurzzeitig übergangen.

MODE ist, wie im richtigen Leben, ein Thema für sich. Mit MODE steuere ich allerlei Hardware deines Computers.

Meistens brauchst du MODE nur, wenn du irgendein exotisches Gerät betreiben willst (beispielsweise einen Drucker mit seriellem Anschluß). Dann steht in dessen Betriebsanleitung, welche kuriosen Buchstaben und Zahlen du hinter MODE eingeben mußt.

DAS DOPPELTE BILDSCHIRMCHEN

Normalerweise hast du 25 Zeilen mit je 80 Buchstaben vor dir

Wer einen XGA oder VGA-Monitor hat, kann doppelt so viele Zeilen haben

MODE CON: LINES=50

Mit einem EGA-Bildschirm sind immerhin noch 43 Zeilen darstellbar:

MODE CON: LINES=43

Bei allen Bildschirmen mit geringerer Auflösung (Hercules, CGA, MGA) geht dieses Spielchen nicht.

Dafür klappt ein anderes Spielchen selbst bei älteren Bildschirmen:

GROSSDRUCK FÜR SENIOREN

Kommt mir irgendwie bekannt vor

COL soll wohl „Kolumnen" heißen

MODE CON: COLS=40

Die doppelt breiten Buchstaben sind besonders praktisch, wenn du einmal mehreren Zuschauern etwas vorführen möchtest. Auch für LCD-Overhead-Bildschirm und Großbildprojektion sehr nützlich. Die meisten Programme allerdings schalten den Bildschirm in den normalen 80-Zeichen-Modus zurück. Das Ganze klappt also nur mit mir, auf der DOSen-Ebene.

DIE HASTIGE TASTE

Selbst die Tastatur habe ich unter Kontrolle. Wenn du den Finger länger auf einer Taste hältst, schalte ich nach einer bestimmten Zeit in den Wiederholmodus. Diese bestimmte Zeit und das Tempo der Wiederholung ist wieder eine Frage der MODE.

Die Wartezeit bis zum Start der rasenden Wiederholung ist in vier Stufen einstellbar:

DELAY=

| 1 | 2 | 3 | 4 |

¼ Sekunde ½ Sekunde ¾ Sekunde 1 Sekunde

Das Wiederholtempo läßt sich sogar in 32 Schritten feintunen:

RATE=

1 2 3 4 ... 17 30 31 32

2 Buchstaben pro Sekunde

Prädikat BRÄSIG

30 Buchstaben pro Sekunde

Prädikat VIEL NERVOS

Standardmäßig biete ich DELAY=2 und RATE=20

Zur Einstellung dient MODE CON:, also der gleiche MODE-Ableger wie für den Bildschirm (CONsole meinte in alten EDV-Zeiten beides, das „Datensichtgerät" und die Eingabeapparatur). RATE und DELAY müssen dabei immer gleichzeitig eingegeben werden, sonst komme ich durcheinander. Als Beispiel für etwas flottere Tipper:

MODE CON: DELAY=3 RATE=30

Während diese MODEsachen rei-
ner Luxus sind, besteht für den
folgenden Eintrag in Robins Liste
absolute Notwendigkeit, sobald du
kein Amerikaner bist.

Der Befehl lautet, schematisch gesehen:

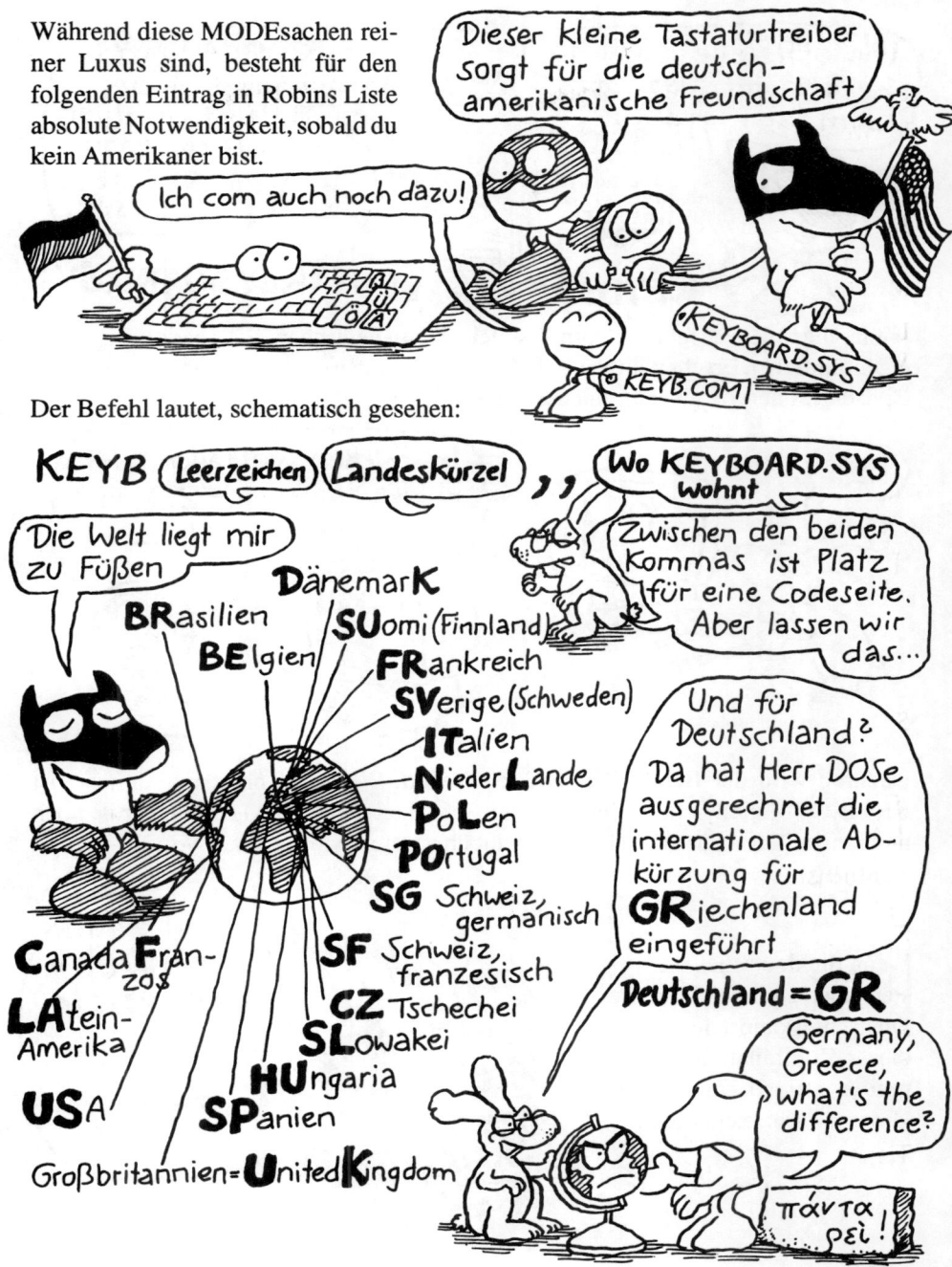

KEYB GR,, C:\DOS\KEYBOARD.SYS

Wenn diese Zeile fehlt, kommt es bei einem deutschen PC in der Regel zu eigentümlichen Erscheinungen. Etliche Tasten bringen dann etwas anderes auf dem Bildschirm hervor, als auf ihnen aufgedruckt ist.

Dadurch wird der Befehl KEYB GR aktiviert. Wenn das nicht funktioniert, ist KEYB.COM vielleicht in einer anderen Schachtel und der PATH-Roboter ist noch nicht installiert – oder KEYB.COM fehlt überhaupt (wie meist auf Vorführ-PCs im Kaufhaus).

Wenn die deutschen Tasten aber endlich ihren Dienst tun, kannst du mit dieser Kombination auf meine amerikanische Urnatur zurückschalten.

> Drückt den Fernweh-Dreizack mal (hihihi) heimlich beim PC Ihres Kollegen. Ein geniales Verbrechen, das für Heiterkeit sorgt im Büroalltag!

> Ha, Joker! Mit dem **Heimweh-Dreizack** komme ich sofort zurück zu der mit KEYB gewählten Tastatur

Kollege kleingeist sein PC

Vorher	nachher
ä ü ö ß	' [; -
Ä Ü Ö :	" { : >

F2
Alt
Strg

> Der nächste Streich, er folgt sogleich: Es ist die neue Tour zu deiner Tastatur!

Eine Zeile, die in keiner AUTOEXEC.BAT mehr fehlen sollte. Warum, werde ich dir gleich im nächsten Kapitel ausführlich verraten – wieder ein Beweis für den dramaturgisch kunstvollen Aufbau dieses Büchleins!

C:\DOS\DOSKEY

> Ich **VER**rate dir alles **R**eichlich!

VER /R

Es ist ein schöner alte Brauch, am Ende der AUTOEXEC.BAT meine Versionsnummer anzeigen zu lassen. Hier verrate ich dir ein Geheimnis, das in keinem Handbuch steht: Verwendest du VER mit diesem Zusatz, zeige ich dir etwas mehr über mich als sonst üblich.

Ein anderer alter Brauch in Robins selbststartender Datei waren die Befehle DATE und TIME. Inzwischen hat so gut wie jeder PC eine eingebaute batteriegepufferte Uhr, so daß sich dieser Ritus erübrigt. Nur wenn du einen PC ganz ohne AUTOEXEC.BAT anlaufen läßt, frage ich dich nach Datum und Uhrzeit. Denn der alte Brauch hat in meinem Festspeicher ROM kurioserweise die Zeiten überdauert.

Am Ende von Robin AUTOEXECs zünftiger Stapellaufliste hast du immer einen Wunsch frei: Welches Programm soll vorsichtshalber gleich zum Beginn deiner PC-Sitzung geladen werden?

Die beliebteste Textverarbeitung der Welt?

DIE LETZTE ZEILE

Gecheimes Speziall-Prrrogrramsk?

C:\WORD\WORD

C:\HRX\WRGRMPF

Graf Excel, seine Exzellenz, die grafische Tabelle?

Oder doch einfach nur mich und meinen Prompt?!

C:\WINDOWS\WIN EXCEL

CLS

Kapitel 5

Der kultivierte Kommandant

Das Schlüsselerlebnis

Nicht zu Unrecht stand ich in Sachen Bedienungsfreundlichkeit zeit meines bisherigen Lebens am Pranger. Wer sich vertippt hatte...

COPY A:\DIESES\BLÜÜDE\DINGS.DA C:\HIERHER

...konnte nur von hinten her mit dem rückwärts fahrenden elektronischen Radiergummi alles löschen...

COPY A:\DIESES\BLÜ

...oder die spaghettiförmige Eingabezeile mit Hilfe der höchst sonderbaren Spaghettitasten bearbeiten.

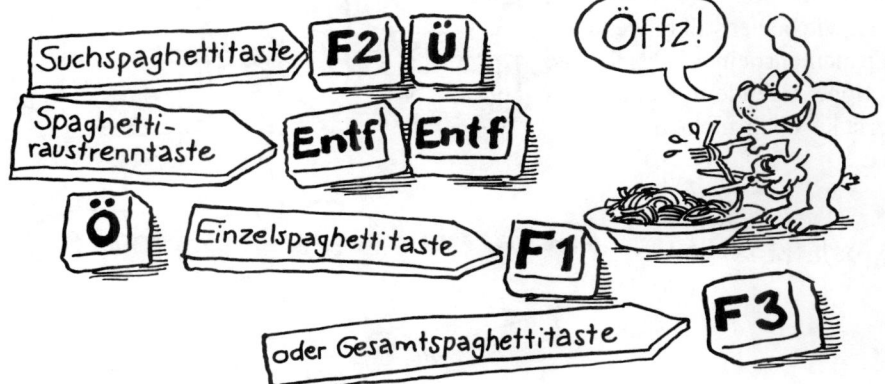

Nachdem ich viele Jahre selbst von einfachster Kindergartensoftware beim Korrigieren eingegebener Kommandos abgehängt wurde, habe ich endlich Buße getan. Ich beglücke dich mit einem völlig neuen Tastgefühl. Allerdings mußt du dazu (wie im vorigen Kapitel angekündigt) das Schlüsselgerät in den Speicher laden.

C:\DOS\DOSKEY

Ist DOSKEY installiert, ändert sich zunächst nichts. Mein Prompt schwebt wie bisher still glühend auf dem Firmament deines Bildschirms. Aber tippe irgendein Kommando ein, drücke noch nicht die Amen-Taste...

...und probiere aus, was die Cursortasten jetzt alles können:

Esc

Auch die „war-alles-nur-Spaß-Taste" funktioniert so, wie sie soll: Die Eingabezeile wird ohne Folgen gelöscht

Normalerweise arbeite ich im Drüberschreibe-Modus.

Hier kommt was drüber

Einfg

Einfügemodus Ein/Aus

Ich wechsle dann das Aussehen

Einfügen   Drüberschreiben

Aber ein Druck auf die Einfüge-taste, und du kannst an der Stelle, an der Käptn Cörser steht, beliebig viele Zeichen einfügen. Noch ein Druck auf die Einfügetaste, und ich gehe wieder zum Drüberschreiben über.

irgend

Hier kommt was rein

```
cd \irgendwo
del *.dos
copy *.* A:
type bin.go
```

Richtig interessant wird der neue DOSKEY aber erst, wenn du ein paar Kommandos eingegeben hast.

Denn dann präsentiere ich dir meine kleine **Zeitmaschine**

Du kannst das Revolutionäre meiner Erfin-dung gar nicht hoch genug einschätzen. Mit der kleinen Zeitmaschine stoße ich vor in eine für mich völlig neue Dimension:

NEU!

Aus der eindimensionalen Eingabe zeile...

F7 F8 F9
Alt

Der MEMORY MANAGER für deinen Kopf!

IRR!

Ja, tatsächlich: Erstmals bekommen bei mir auch die Rauf-und-runter-Tasten eine Bedeutung. Und was für eine! Alle deine alten Befehle (seit dem Einschalten und so weit mein Speicher reicht) merke ich mir – und sie sind nur einen Tastendruck von dir entfernt! Du ahnst vielleicht, daß mit diesem unscheinbaren Einfall eine neue Epoche unseres Umgangs miteinander angebrochen ist.

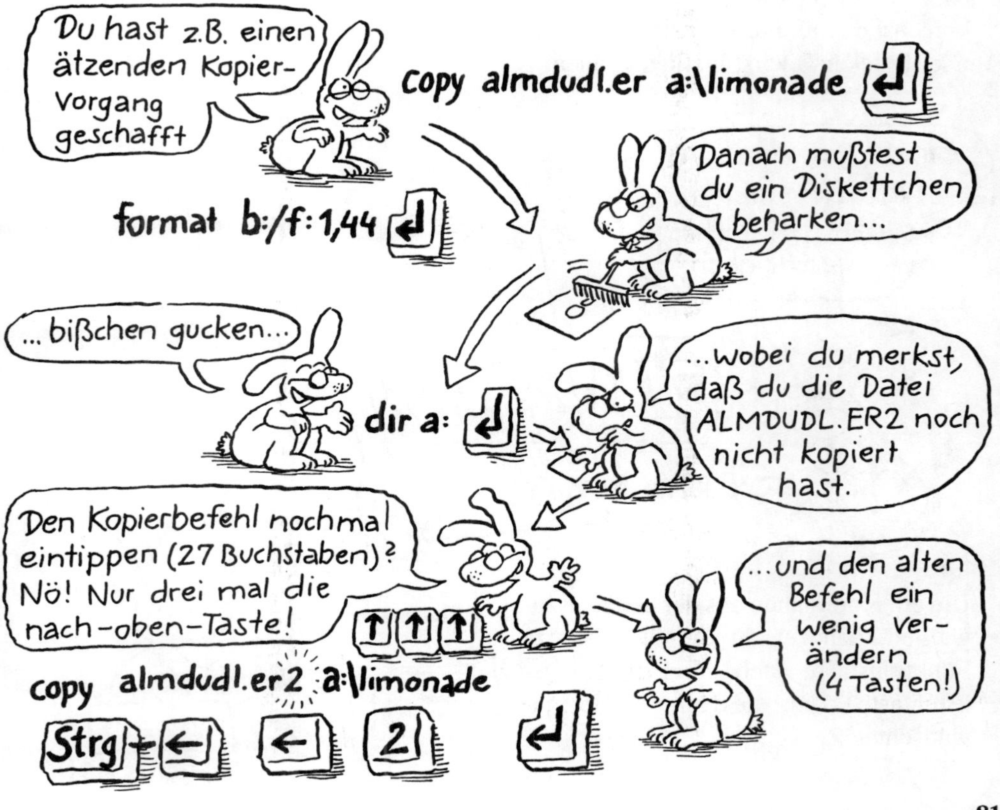

Du hast z.B. einen ätzenden Kopier-Vorgang geschafft

copy almdudl.er a:\limonade ↵

format b:/f:1,44 ↵

Danach mußtest du ein Diskettchen beharken...

... bißchen gucken...

dir a: ↵

...wobei du merkst, daß du die Datei ALMDUDL.ER2 noch nicht kopiert hast.

Den Kopierbefehl nochmal eintippen (27 Buchstaben)? Nö! Nur drei mal die nach-oben-Taste!

↑ ↑ ↑

...und den alten Befehl ein wenig verändern (4 Tasten!)

copy almdudl.er2 a:\limonade

Strg ← ← 2 ↵

Im rauhen Alltag wird die Sache mit den Rauf-runter-Tasten die entscheidende Art unserer Kommunikation sein. Für Menschen, die es gern etwas umständlicher haben, biete ich dir noch einen anderen Zugang zu meiner Zeitmaschine an. Dazu brauchst du drei Funktionstasten, deren Nummern du dir nur dank unserer Elenden Eselsbrücken© wirst merken können.

Diese Taste bringt dir eine komplette Liste aller deiner alten Kommandos, an die ich mich noch erinnern kann. Hübsch numeriert, wobei Nummer 1 dein ältestes Kommando ist.

Um ein Kommando aus der Liste auszuwählen, drückst du die übernächste Funktionstaste nach der Erinnerungslistentaste, dann die Nummer der gewünschten Zeile.

82

...und ENTER, dann steht der alte Befehl in der Eingabezeile. Willst du ihn unverändert übernehmen, mußt du nochmal ENTERn. Das Verfahren lohnt sich nur, wenn du auf recht lang zurückliegende Eintragungen von dir zurückgreifen willst.

Falls dir das immer noch zu simpel ist: Ähnlich wie bei der alten Spaghettisuchtaste F2 (die immer noch funktioniert) kannst du mit F8 nach einer alten Zeile von dir suchen, von der du noch den Anfang weißt. Ich zeige dir dann die jüngste Zeile, die so beginnt. Ein weiterer Druck auf F8 die nächstältere usw.

Falls du Angst hast, daß jemand in der Mittagspause ausspionieren will, was du im Laufe des Tages mit mir gemacht hast: Mit Alt-F7 lassen sich alle meine Erinnerungen spurlos löschen.

Erinnerungslisten-vernichter

Es gibt noch eine zweite Art, um an eine Liste mit all deinen alten Befehlen zu kommen:

DOSKEY /H

Das /H steht für „Historie" und erstellt eine Liste ohne Zeilennummern, was für spezielle Zwecke ganz praktisch sein kann (vielleicht ein DOSe-Tagebuch?).

512 Byte

Vorhin deutete ich die Begrenzung meines Erinnerungsvermögens an. Sie liegt bei genau 512 Zeichen, das sind so um die 15 bis 20 Kommandos. Eine Größe, die in der Praxis ganz brauchbar und in punkto Speicherverbrauch noch erträglich ist. Willst du mein Gedächtnis vergrößern oder verkleinern, kannst du mir das bei der DOSKEY-Installation in AUTOEXEC.BAT mitteilen:

BUFSIZE klingt irgendwie nach großen Kartoffel-puffern

Der kleinste Wert ist 256 Byte, der größte ist mir egal (aber nicht übertreiben...)

C:\DOS\DOSKEY /BUFSIZE=800 /INSERT

Bei der Gelegenheit kannst du mit diesem Schalter festlegen, daß DOSKEY standardmäßig im Einfügemodus daherkommt

Find' ich fetziger!

(Tusch!)

DOSKEY erfüllt noch einen anderen Wunsch der beinharten DOSe-Freaks: **Makros!**

Wobei sich immer wieder die Frage stellt: Was, verflixt, ist überhaupt ein MAKRO (oder MACRO)?

Wunschzettel

MACRObot

Makro-objektiv

Kokos-Makronen

Makrokosmos

84

Die Antwort ist für die inzwischen batch-bewußten Leserinnen und Leser dieses Büchleins recht einfach:

Einfach ein paar DOS-Befehle, unter einem Namen zusammengefaßt

Ein Makro ist der kleine Bruder von einer Batchdatei!

BATCHMAN

MACRObot

Der Unterschied: Eine Batchdatei ist eine richtige Datei und wohnt auf Festplatte oder Diskette.

Ein Makro ist fast so etwas wie ein neuer DOS-Befehl und wohnt im Chipspeicher RAM.

Huhu! Hähä!

AUTOEXEC.BAT   HELFI.BAT

Wobei es ein Irrglaube ist, daß eine kleine Datei nur wenig Platz benötigt

Hallöchen! Hallöchen!

KILL   DEL

Mein Platz ist rar und gilt mit Recht als kostbar

Auf einer typischen Festplatte umfaßt die kleinste Einheit (Cluster) vier Kilobyte. Eine 40 Byte kleine Batchdatei braucht also de facto das Hundertfache an Plattenkapazität, 99 Prozent sind verschenkt!

Aber auch als schnell: Was im RAM ist, muß auf keiner rotierenden Scheibe gesucht und von ihr in den Speicher geladen werden. Außerdem genießen Makros ein bisher nie dagewesenes Ansehen in der DOSen-Hierarchie.

MacRObot

Ich bin entthront!

1 MAKROS

2 interne

3 .COM

4 .EXE

5 .BAT

Dadurch kannst du mit Makros etwas besonders Verwegenes anstellen:

Meine Befehle ersetzen!

Neu

COPY

Normal

Das muß ich machen! Wie geht das?!

So!

DOSKEY **Leer-zeichen** **Makro-name** = **Makro-inhalt**

Wir wollen das gleich einmal an einem harmlosen Beispiel in die Tat umsetzen. Mit dem folgenden Makro ersetzt du das normale VER-Kommando durch das erweiterte Anzeigen meiner Versionsnummer mit dem geheimen Schalter /R:

DOSKEY VER=VER /R ⏎

Wow! Was hat'n der für'n scharfes DOS?!

Wenn du das alte, nicht makrobiotische VER verwenden möchtest, brauchst du nur ein Leerzeichen vor den Befehl zu setzen:

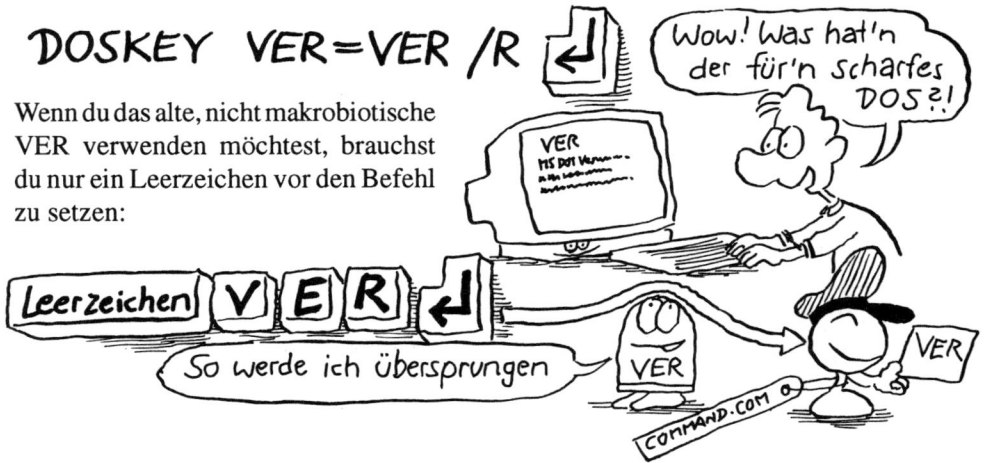

Leerzeichen **V E R** ⏎

So werde ich übersprungen

VER

COMMAND.COM

VER

So eng verwandt Batchdateien und Makros auch sind – es gibt doch gehörige Unterschiede. Auffallend verschieden sind die Dimensionen: Während eine Batchdatei beliebig groß sein darf, ist ein Makro, den Namen eingerechnet, auf 118 Zeichen begrenzt (127 Zeichen DOSes maximale Eingabezeile abzüglich der Buchstaben DOSKEY, Leerzeichen und =).

Bei Makros gibt es kein GOTO, keinerlei Verwendung von Kellergeistern, kein ECHO OFF – und Makros können auch nicht von Batchdateien aus aufgerufen werden.

Umgekehrt aber funktioniert es glücklicherweise: Die Erzeugung von Makros darf auch von Batchdateien durchgeführt werden. Makros, die du immer brauchst, läßt du am besten von Assistent Robin AUTOEXEC definieren. Andere Makros kannst du mit Hilfe besonderer Stapeldateien zur Welt bringen.

Denn im Unterschied zu sicher auf der Festplatte geparkten Stapeldateien werden Makros aus dem RAM-Speicher gelöscht, sobald der PC ausgeschaltet wird.

Aus unerfindlichen Gründen wurden die kauderwelschigen Bezeichnungen des Stapelesischen für die Makrosprache mit anderen Abkürzungen versehen. Daher hier im Überblick:

Richtig klar wird das erst beim eigenen Herumprobieren und bei den paar Beispielen, die ich dir jetzt zeigen will.

DER HÖFLICHE KILLER

DOSKEY DEL=DEL $* /P

Der beliebte Befehl zum dauerhaften Entfernen von Dateien hat neuerdings einen **P**raktischen Schalter. Meist ist man doch zu faul, um das läppische Schrägstrich-P einzutasten. Doch wie Batchman ist auch MacRObot ein Freund der Faulen...

DEN.DA löschen (J/N)?

DEN.DA

Das neue DEL ist super beim Killen größerer Mengen von Dateien

Mit dem **P**raktischen Schalter frage ich nach jeder Datei einzeln

AU.BAK ZWIE.BAK TA.BAK

DEL *.BAK

AU.BAK löschen? (J/N) J
ZWIE.BAK löschen? (J/N) N
TA.BAK löschen? (J/N) J

Puh!

ZWIE.BAK

AUTOBAHN ZU ROBIN

Wenn du die bisherigen Beispiele unseres kleinen Lehrgangs praktisch umsetzen wolltest, mußtest du sicher oft Robin AUTOEXEC.BAT überarbeiten. Dieses niedliche Makro hier verkürzt den Streß auf vier Buchstaben und funktioniert von jeder beliebigen Schachtel aus.

**DOSKEY AUTO=
EDIT C:\AUTOEXEC.BAT**

Nach getaner Arbeit Alt-D-S und Alt-D-B

Edith

AUTO

EDIT

Schon den Überblick verloren? Keine Panik – mit dem folgenden Befehl erhältst du eine schöne Liste aller bisher von dir in den Speicher gepackten Makros:

DOSKEY /M

Alle Makros!

Später werde ich dir einen kleinen Trick verraten, wie du aus dieser Liste eine Makroerzeugungsstapeldatei fabrizierst.

Falls du irgendwann süchtig wirst nach makrobiotischer Kost, wird mein dafür reservierter RAM-Speicher nicht mehr reichen (es ist derselbe, in dem ich deine alten Befehle ablagere). Dann mußt du eben Robin AUTOEXEC aufsuchen und ein bißchen RAMa dazubuttern.

Hihi, schon der erste Fall fürs Makro AUTO

C:\DOS/ DOSKEY /BUFSIZE = 1024

Noch ein Versprechen: Weiter hinten kommt ein Kniff, diesen Speicher im entlegenen RAMalaya unterzubringen

Zum Schluß noch eine Warnung: Kein gedankenloses Herumspielen an den Funktionstasten! Denn mit Alt-F7 löschst du bekanntlich alle deine alten Kommandos...

und **Alt** – **F10** *killt alle deine Makros*

Kapitel 6

Fortpflanzung für Fortgeschrittene

RETORTENBABY
BITTE HIER
ENTNEHMEN

Dateien elegant gefaXt

Nach dem Angucken von Inhaltsverzeichnissen („ich zeig´s DIR") ist das Verviel-fältigen von Dateien der beliebteste Sport des DOS-Volks. Aber der Vizestar ist bedroht. Denn:

Spätestens auf dieser Seite unseres Buches wirst du merken, daß sich die Anschaf-fung gelohnt hat. Denn ab sofort wirst du Dateien schneller, sicherer und eleganter kopieren – nein – xkopieren!

Das herkömmliche COPY ist ein internes, im Befehlsinterpreter COMMAND.COM enthaltenes Kommando. XCOPY aber ist ein eigenes Programm. Damit es überall funktioniert, muß die Datei XCOPY.EXE in deiner \DOS-Schachtel sein und der Patentierte Automatische Tele-Helfer PATH den Weg zu dieser Schachtel enthalten.

Was sind nun die Vorteile des X Kopierens? Im Gegensatz zum alten COPY, das lange vor der Einführung des ganzen Schachtelsystems erfunden wurde, kann XCOPY auch mit kompletten Verzeichnissen umgehen. Ein häufiger Fall: Du hast zwei Diskettenlaufwerke mit verschiedenen Formaten und willst den kompletten Inhalt einer Diskette auf eine andere kopieren.

Außerdem ist COPY langsam, weil jede Datei einzeln hinübergeschaufelt wird. Besonders unschön ist das bei Kopiervorgängen von Diskette zu Diskette auf nur einem Laufwerk (Diskjockey-Syndrom).

All diese Probleme verschwinden, wenn du XCOPY mit dem Schachtel-automatik-Schalter verwendest.

XCOPY A:\ B: /S ↵

XCOPY kopiert dann sämtliche Unterverzeichnisse, in denen Dateien sind.

Schachtel-automat!

\DIES& \DAS \RESERVE \DIES& \DAS

Der XKopierer kann also nicht nur kopieren, sondern auf der leeren Diskette auch neue Verzeichnisse eröffnen.

Für extreme Spezialeinsätze biete ich den **S**chachtelautomat **E**xtrem, der sogar leere Schachteln mit kopiert

XCOPY A:\ B: /S/E ↵

Perfetto! Amabile!

\SICHER \IST \SICHER \VORSICHT \MUTTERS \PORZELLAN

\DIES& \DAS \RESERVE \DIES& \DAS \RESERVE

Das ganze Unternehmen geht deutlich fixer als beim alten COPY, denn der XKopierer packt so viele Dateien in den Chipspeicher wie möglich.

XCOPY

QUETSCH!

RAMbo

95

Eine weitere Unannehmlichkeit des harten PC-Alltags ist das Kopieren einer größeren Menge von Dateien. Nur im Lehrbuch kommt der Fall vor, daß sich alle .BAK-Dateien, die mit A beginnen, elegant mit COPY A∗.BAK heraussortieren lassen. In der Praxis bleibt fast immer nur die Einzelbehandlung im manuellen Aschenputtel-Verfahren.

Dann frage ich dich bei jeder Datei, ob ich sie kopieren soll

Paßkontrolle!

COPY oder nix

WRZLBRM.FT

WRZLBRM.FT (J/N)

Hier hilft der Luxuskopierer mit dem **P**raktischen Schalter

M.S.POSE

XCOPY ∗.∗ A:\TÖPFCHEN /P

DICH-AU.CH (J/N)

J N

XCOPY

C:\LINSEN

A:\TÖPFCHEN

Praktisch, Prächtig und Pequem!

PEGRIFFEN?!

Wetten: Wenn du diese Sache einmal ausprobiert hast, wirst du sie immer wieder benutzen!

Das dritte Einsatzfeld für XCOPY ist das Gebiet der Guten Vorsätze. Nehmen wir wieder einen authentischen Fall aus dem grauen Alltag...

Der gute alte Weg mit COPY *.TXT A: (zum Sichern der Manuskripte auf Diskette) kann nervig werden: Die Unterschachteln muß Bessie extra einzeln kopieren. Was, wenn mitten beim Sichern die Diskette voll ist? Bis wohin ist COPY gekommen? Außerdem sichert der alte Weg womöglich Dateien, die sich nicht geändert haben und schon längst „gebäckappt" worden sind.

Einige Archivierungsprogramme knipsen diesen Schalter aus, nachdem sie die Datei gesichert haben. Zu diesen Programmen gehört XCOPY, wenn du es mit dem Zusatz /M versiehst.

XCOPY sichert also nur Dateien, die seit der letzten Sicherung **m**odifiziert oder neu ge**m**acht wurden.

Läuft während des Kopiervorgangs eine Diskette über, ist das kein Unglück: Einfach eine neue Scheibe einschieben und den XCOPY-Befehl wiederholen (mit F3 oder – bei installiertem DOSKEY – mit Pfeil-nach-oben und Amen). Dann läuft der Vorgang weiter und dank der Archivschalter geht dir keine Datei durch die Lappen.

Falls Frau Seller besonders sicher gehen will und gleich zwei oder noch mehr Sicherheitskopien ihrer Werke machen will (sehr empfehlenswert!) – ich biete selbst dafür einen Schalter.

XCOPY *.TXT A:/S/A ⏎

Mit **/A** kopiere ich ebenfalls nur Dateien mit angeschaltetem Archivbit, lasse es aber auch nach dem Kopieren **an**

Rülps! Voll!

Archivschalter **A**nlassen!

Bei dieser Methode klappt allerdings der Trick mit dem eleganten Diskettenwechseln nicht mehr. Es sollten also bei XCOPY /A alle zu sichernden Dateien auf eine Diskette passen.

Schön. Aber sind da auch ganz bestimmt meine Texte drauf?

Wenn Sie sicher gehen wollen, setzen Sie noch **/V** dahinter, dann **v**ergleicht XCOPY die Daten

Ich werde aber ein bißchen langsamer damit!

Doppelt hält trotzdem besser

/V ist keine Versicherung!

XCOPY *.TXT A:/S/A/V ⏎

Der Sicherheitseffekt von /V ist halb so wild, weil echte Beschädigungen auf der Diskette von XCOPY nicht erkannt werden. Dagegen hilft am besten eine zweite Sicherheitskopie.

Für die Besitzer von festplattenlosen PCs mit nur einem Laufwerk gibt es noch den Schalter /W. Weil XCOPY ein externes Programm ist (auf der DOS-Diskette), muß man vor dem Kopieren ja eine Chance kriegen, die Scheiben zu wechseln.

/Weitermachen!

Ich **W**echsel' ja schon!

Jetzt aber genug mit XCOPY. Deine kleinen süßen Schalterchen haben mich ganz schön neugierig gemacht...

Wüstling! Rammler!

Na, na! Es gibt eine völlig sittsame Methode, diese Datei-Attribute anzugucken und zu verändern

Attribatchman?

Bei dieser Gelegenheit darf ich dir ein neues kleines Hobby anbieten: Wenn dir das Dateienangucken mit DIR zu langweilig geworden ist, solltest du es mal mit ATTRIB versuchen. Da zeige ich dir die Dateien im neuen Look: Nur den Dateinamen (ähnlich wie beim Babyaufmarsch DIR /B) und die vier Attribute.

ATTRIB ⏎

SHR C:\IO.COM
SHR C:\MSDOS.COM
A C:\COMMAND.COM

Wow! Da sieht man sogar die versteckten Systemdirndln!

Die ganze Vielfalt der **A**rten!

noch nicht **A**rchiviert

versteckte **H**alluzinationsdatei

Systemdatei

Read only: sch**R**eibgesch**R**ützte D**R**atei

♥Ein Herz für **ARSH**is!

ATTRIB besitzt auch den beliebten Schachtelschalter. Damit kannst du dir das exklusive Vergnügen gönnen, sämtliche Dateien deiner Festplatte auf dem Bildschirm vorbeirasen zu lassen.

Natürlich geht es auch bescheidener: Um die Art einer bestimmten Datei herauszufinden, hinter dem ATTRIB-Befehl den Dateinamen eintasten.

Attribute anzuschauen ist aber nur die halbe Gaudi. Richtig lustig wird es, wenn du sie auch veränderst. Seit ich 5.0 heiße, erlaube ich dir das ohne Einschränkungen.

101

Zusammen mit den mannigfaltigen Möglichkeiten der Joker * und ? lassen sich allerlei Dinge anstellen:

Damit Herr Brieflich nicht eines Tages versehentlich sein Formular ändert (indem er ein ausgefülltes Brieformular unter dem Namen BRIEF.TXT abspeichert), sollte er es mit einem Schreibschutz versehen:

ATTRIB +R BRIEF.TXT

Genauso kann man auch
AUTOEXEC.BAT und CONFIG.SYS
vor Pannen schützen!

Babsi könnte ihre Dateien allesamt verstecken, indem sie mir folgende Zeile anvertraut:

ATTRIB +H BILITIS*.TXT

Dann sind sie mit dem DIR-Befehl nicht mehr zu sehen (nur mit DIR /A). Mit ihrem Textprogramm kann sie die Dateien trotzdem laden, wenn sie dazu den korrekten Namen eintippt.

Der schlaue Azubi Arthur geht erstmal in die Schachtel \PROFIT:

CD \PROFIT

Dann knipst er dort und in allen Unterschachteln das „archivier mich"-Schalterchen an:

ATTRIB +A /S

Nur bei den .SIK-Dateien knipst er es wieder aus:

ATTRIB −A *.SIK /S

Den eigentlichen Kopiervorgang erledigt er mit XCOPY und der /Modernen Ausknips-Automatik. Dann hat Arthur auch keine Probleme, falls der ganze \PROFIT nicht auf eine einzelne Diskette paßt.

XCOPY *.* A:/S/M

In den Tiefen meiner unergründlichen
\DOS-Schachtel haust noch ein Dinosaurier
aus den Pioniertagen (als man zu Computern noch EDV sagte). Es ist ein ziemlich
träges Programm zum Sichern von Festplatten, das inzwischen von Spezial-
programmen anderer Hersteller überholt
worden ist. Weil sich Arthur aber nicht
darauf verlassen kann, daß sein Chef das
gleiche Programm hat, sollte er nehmen,
was ich ihm biete.

Voraussetzung ist allerdings, daß Arthur und sein Chef die gleiche DOS-Version
haben. Sonst geht's womöglich schief!

Der Nachteil: BACKUP-Disketten sind in einem speziellen Format beschrieben. Sie lassen sich nur mit dem dazugehörigen Ent-Bäckappungs-Programm lesen. Das liefere ich freundlicherweise auch dazu:

Damit das klappt, muß Arthurs Chef auf seiner Festplatte die gleiche Verzeichnisstruktur haben wie Arthur auf seiner, denn der Dateinamen muß mit seiner genauen Pfadbezeichnung eingegeben werden. Der BACKUP-Saurier ist hier nicht auszutricksten. Wahrscheinlich bleibt Arthur nur übrig, so ein Verzeichnis auf der Chefplatte einzurichten und dann die Datei an die richtige Stelle hinzukopieren.

Damit startet BACKUP im Hauptverzeichnis (C:\) und sichert alle Dateien, auch in allen Unterschachteln (/S) auf das Diskettenlaufwerk A:.

...empfehle ich dir mein BACKUP nicht als echtes Sicherungswerkzeug für alle Tage. Die Programme anderer Hersteller erledigen den lästigen Backup-Vorgang viel schneller und hübscher – und das ist wichtig, weil man ihn sonst gar nicht macht! Zudem ist das Restaurieren einzelner Dateien mit RESTORE ziemlich mühselig.

Ein Befehl, den selbst alte Hasen oft nicht kennen (ätsch!). REPLACE soll einen Vorgang vereinfachen, der auf einer Unsitte beruht: Daß Dateien auf einer Festplatte mehrmals in verschiedenen Verzeichnissen gespeichert sind.

REPLACE A:\DOSE.TIF C:\ /S

Mit etwas gutem Willen läßt sich aber vielleicht
doch ein sinnvoller Einsatz für REPLACE finden.

Ich hab' eine Diskette voller neuer DOSe-Grafiken, alle mit dem Nachnamen .PCX

Mit dem Zusatz **A**ddieren kopiert REPLACE nur die Bilder in die Schachtel \TIKI, die dort noch nicht drin sind.

REPLACE A:*.PCX C:\TIKI /A ⏎

Soll ich den COPY-Befehl jetzt also entsorgen und nur noch XCOPYren?

O Nein! Nur das gute alte COPY kann Dateien zum Drucker kopieren, von der Tastatur in eine Datei schreiben und all das Zeugs!

Zum Schluß muß ich dir etwas gestehen: Es gibt ein wichtiges Kommando zur Behandlung von Dateien, das bei meiner Erfindung vergessen wurde. Du kannst zwar Dateien kopieren und löschen, aber du kannst sie nicht in einem Aufwasch bewegen – daß sie also am neuen Ort sind und am alten nicht mehr.

108

Aber zum Glück gibt es ja mich!

Eine Batchdatei löst wieder einmal das Problem:

```
MOVE.BAT

@ECHO OFF
IF %2!=! GOTO FEHLTWAS
XCOPY %1 %2 /V
IF ERRORLEVEL 1 GOTO
    HOPPLA
DEL %1
GOTO ENDE
:FEHLTWAS
ECHO Wohin soll ich kopieren?
GOTO ENDE
:HOPPLA
ECHO Irgendwas hat gefehlt.
ECHO Ich breche ab.
:ENDE
```

Der Befehl, den keiner kennt, aber jeder kennen sollte

MOVE

Eine schöne Stapeldatei ist doch was Bewegendes, oder?

Und so funktioniert's:

MOVE (Welche Datei(en)) (Leerzeichen) (Wohin)

Um also alle Textdateien aus der Schachtel \ALTKRAM deiner Festplatte auf eine Diskette zu übertragen (in eine Schachtel gleichen Namens), gibst du ein:

Damit du von jeder beliebigen Schachtel aus MOVEn kannst, solltest du MOVE.BAT in die \DOS-Schachtel tun – die ist im PATH

CD \ALTKRAM

MOVE *.TXT A:\ALTKRAM

PATH

\DOS   MOVE.BAT

Aufmerksamen DOSenkennerinnen und -kennern wird nicht entgangen sein, daß MOVE.BAT ein neues Schmankerl der batchinesischen Sprache enthält.

Das Wort ist etwas unglücklich gewählt, weil es dabei nicht nur um Irrtümer gehen muß. Es geht vielmehr um folgendes: Wenn ein Programm seine Aufgabe erfüllt hat, sendet es an mich eine Ziffer. Aus ihr kann ich ersehen, wie es mit der Aufgabe zurechtgekommen ist. Bei XCOPY sieht das so aus:

ERRORLEVEL 0   Alles in Butter!

ERRORLEVEL 1   Keine zu kopierenden Dateien gefunden

ERRORLEVEL 2   Ich wurde mit **Strg –C** abgewürgt

ERRORLEVEL 4   Nicht genug Speicherplatz, eine ungültige Laufwerksbezeichnung oder irgendwas falsch geschrieben

ERRORLEVEL 5   Ich wollte was auf Platte oder Diskette schreiben und es ging nicht

Den häufigen Fehler, daß keine Dateien zum Kopieren da waren, habe ich mit IF ERRORLEVEL 1 abgefangen. Wer will, kann auch die anderen Fehlermeldungen von XCOPY mit ECHO-Meldungen kommentieren. So läßt sich ein schönes Programm basteln, daß für alle Eventualitäten gerüstet ist.

Falls es auf der Diskette keine \ALTKRAM-Schachtel gibt, baut XCOPY eine!

A:\ALTKRAM

Kapitel 7

Auferstehung der Dateien

Mit Spiegel und doppeltem Boden

Tja, weil diese Firmen Hilfsmittel verkauft haben, mit denen versehentlich gelöschte Dateien wiederhergestellt werden können. Ein Geschäft mit dem Tod.

Das sogenannte Un-Business: Werkzeuge zum Un-geschehen-machen von Fehlern

UNDELETE UNERASE UNFORMAT

Nachdem aber so viele daran verdient haben, habe ich mir das selber implantieren lassen.

Vom Best-seller PC Tools!

UNDELETE

MIRROR

Central Point

Wie du vielleicht noch weißt, ist der DELinquent direkt nach seiner Aus-löschung noch nicht richtig tot.

DEL DICH.DA ↵

DICH.DA

Es wurde lediglich der erste Buchstabe seines Vornamens gestrichen...

Club der toten ~~D~~ICH.DA

113

Erst beim nächsten Speichern von Dateien wird die zum Abschuß freigegebene Datei womöglich wirklich eingeebnet.

In unserem Beispiel lautet der rettende Befehl:

Daraufhin untersuche ich die halb-tote Datei und zeige dir, ob ich sie retten könnte. Wenn ja, frage ich dich sicherheitshalber, ob ich das auch tun soll.

Antwortest du mit „Ja", frage ich dich nach dem fehlenden Buchstaben, den ich als Merkzeichen für den baldigen Tod der Datei gelöscht hatte. Hast du einen Buchstaben eingegeben, steht der Auferstehung meist nichts mehr im Wege.

Ihr hättet ihn gaudihalber natürlich auch NICH.DA oder RICH.DA nennen können

wieder da!

Die Reanimation von Dateien klappt auch bei Massenkatastrophen. Dann frage ich dich bei jeder Datei einzeln nach dem fehlenden ersten Buchstaben.

UNDELETE *.DA ↵

Statt UNDELETE *.* genügt übrigens das nackte UNDELETE. Dann erwecke ich alle halbtoten Dateien in der jeweiligen Schachtel wieder zum Leben.

UNDELETE ↵

Bei der schnellsten, allumfassenden Art der Auferweckung brauchst du nicht einmal mehr die fehlenden Buchstaben eingeben – ich ersetze sie durch # (falls es sonst mehrdeutig wäre, durch %). Aber selbst hier meint „alle" nur alle in der einen Schachtel.

UNDELETE /ALL ↵

Das war nur die erste Stufe meines Lebensrettungsprogramms. Verbesserte Chancen bei der Wiederbelebung von Dateien, ja sogar von ganzen Festplatten verschaffe ich dir durch drei Nachrichtenmagazine:

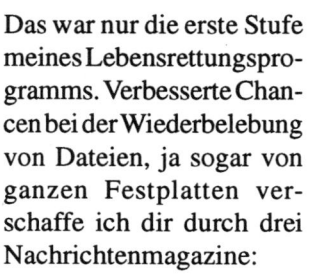

Am interessantesten klingt wahrscheinlich die Totengräberausgabe des SPIEGEL. Du erhältst sie, indem du den MIRROR-Befehl mit Totengräber-Schalter eingibst, gefolgt vom Buchstaben des zu überwachenden Laufwerks.

Damit lade ich den gewissenhaften Totengräber als kleines residentes Programm in den Speicher. Bei jedem DEL-Befehl schreibt er alles Wissenswerte über die Toten in eine Datei namens PCTRACKR.DEL. Im Falle eines Falles greift UNDELETE auf die Notizen des Totengräbers zurück.

Im offiziellen Dosdeutsch wird DER SPIEGEL des Totengräbers als „Löschverfolgungsdatei" bezeichnet. Auf dem Bildschirm wird dir dieses Wortungetüm begegnen, wenn du UNDELETE benutzt.

Manchmal finde ich die zur Wiederbelebung erforderlichen Informationen im Totengräberspiegel, manchmal nur in der FAT-Liste (auf Dosdeutsch „MS-DOS-Verzeichnis"). Im zweiten Fall mußt du mir beim UNDELETEn ausdrücklich mitteilen, daß ich das DOS-Verzeichnis benutzen soll.

Die Hauptaufgabe des MIRROR-Kommandos ist es, eben diese FAT-Liste, das Inhaltsverzeichnis der Hauptschachtel und ein paar andere lebenswichtige Daten in der Datei MIRROR.FIL zu speichern. Das schützt dich, falls deine Festplatte einmal versehentlich neu formatiert werden sollte.

Beim Beharken einer Festplatte werden nur diese DOS-internen Listen zerstört, die in MIRROR.FIL gespeichert werden. Die Daten selbst sind noch da.

An dieser Stelle muß ich dich einweihen in die tieferen Geheimnisse meiner verbesserten FORMAT-Harke. Wenn du den guten alten FORMAT-Befehl eingibst, passiert seit 5.0 mehr als früher:

Selbst wenn du nicht ausdrücklich einen Sicherungsvorgang MIRROR A: hast laufen lassen, sind die Chancen nicht übel, sogar eine versehentlich formatierte Diskette wiederherzustellen (früher ein Ding der Unmöglichkeit!). Voraussetzung ist allerdings auch hier, daß du auf der Diskette noch nichts Neues gespeichert hast.

118

Meine neue goldene Harke bietet noch weitere Schmankerl, die ich dir nicht vorenthalten möchte:

FORMAT /U

Unwiderruflich formatieren – um Rettungsversuche mit UNFORMAT bewußt zu vereiteln

Geheimdienst-Vorschrift F/007: FORMAT nur mit /U verwenden!

TOP SECRET

FORMAT /Q

Quickformatieren: Bei bereits früher beharkten Disketten geht das affenschnell!

Weil ich gar nicht richtig harke!

ABER: ⚠ **Q** nicht verwenden bei eventuell fehlerhaften Disketten

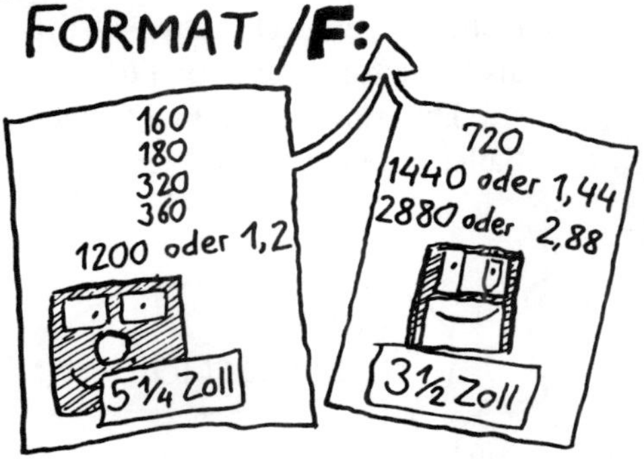

(FORMAT /V)

Dieser Schalter ist jetzt überflüssig. Beim Formatieren fragt DOSe immer nach einem **V**ornamen für die Diskette

FORMAT /F:

160
180
320
360
1200 oder 1,2
5 ¼ Zoll

720
1440 oder 1,44
2880 oder 2,88
3 ½ Zoll

Weil es immer mehr verschiedene Diskettenformate gibt, habe ich diesen Bereich bedienungsmäßig vereinfacht. Hinter dem Schalter /F: (mit dem verwirrenden Doppelpunkt) gibst du die gewünschte Größe ein. Läßt du diesen Schalter weg, formatiere ich mit der höchsten Kapazität, die das jeweilige Laufwerk hergibt.

Beim normalen Formatieren (ohne /Q oder /U) einer schon einmal formatierten Diskette lösche ich die Dateien nicht mehr (wie früher) leibhaftig, sondern repariere nur kaputte Bereiche. Dadurch ist das leidige Formatieren schneller und ungefährlicher geworden.

SCHMATZ!

Deshalb sollten die beiden MIRROR-Befehle in Robin AUTOEXECs Liste nicht fehlen. Auf daß MIRROR ein DAILY MIRROR werde!

MIRROR /PARTN

Für ganz Vorsichtige habe ich noch den dritten Spiegel. Er schreibt die besonders grundlegenden Daten über die Partitionen (meist ist es nur eine) deiner Festplatte auf eine Diskette – halte also eine formatierte bereit! Dieses Diskette ist im Falle eines Falles ein guter PARTNer.

Mein neues Erste-Hilfe-Set mit MIRROR, UNDELETE und UNFORMAT ersetzt eines meiner grausigsten und heimtückischsten Hilfsprogramme: RECOVER. Aus Pietät wird es immer noch mit mir mitgeliefert. Du solltest ihm ohne Zögern gleich jetzt etwas geben:

Wo wir gerade bei Gesundheitsvorsorge sind: Du solltest immer eine Systemdiskette zur Hand haben, falls deine Festplatte über den Jordan geht oder Butler CONFIG einen in der Krone hat.

Tu's nie ohne!

GIB ABSTURZ KEINE CHANCE

Und hier auf vielfachen Wunsch das Rezept: Wir backen uns eine Notfallscheiblette

Disque du chef:

```
FORMAT A: /S
COPY AUTOEXEC.BAT A:
COPY CONFIG.SYS A:
MD A:\DOS
XCOPY \DOS\*.* A:\DOS /P
```

Alle meine Hilfsdateien passen schon längst nicht mehr auf eine einzelne Diskette. Mit dem Praktischen J/N-Schalter solltest du folgende Dateien für die Notfallscheibe auswählen:

DOSes NOTRATION

```
ATTRIB  BACKUP  CHKDSK
DISKCOPY  DOSKEY  EDIT  FDISK
FORMAT HELP  LABEL  MIRROR
MODE  MORE  PRINT RESTORE
SYS TREE  UNDELETE
UNFORMAT  XCOPY  DOSHELP.HLP
                 EDIT.HLP
```

Ehrlicherweise will ich dir aber noch verraten, in welchen Fällen meine Rettungswerkzeuge versagen

121

Schlecht sieht es aus, wenn...

... die zugehörige Schachtel auch zerstört ist

RD TEXT2

\TEXT 2

...deine Festplatte zu voll ist und die Dateien bereits in sehr zerstückelter Form auf der Platte gespeichert werden mußten.

11 Bytes free (quetsch, quetsch)

C:

Hast du alle Dateien einer Schachtel gelöscht, laß' daher lieber die leere Schachtel noch eine Zeit lang auf der Platte. Das kostet nicht viel Speicherplatz, rettet dich aber womöglich beim Dateienretten.

A propos Killen: Nach gutem Brauch zum Kapitelende eine besonders gewitzte Batchdatei

DIE TOTEN DOSEN

Der Befehl KILL ersetzt den Befehl DEL bei Leuten, die erstens besonders vorsichtig sind und zweitens noch reichlich Platz auf ihrer Festplatte haben. Zur Vorbereitung mußt du auf deiner Platte einen Friedhof einrichten:

KILL.BAT

MD FRIEDHOF

Makaber, aber wirkungsvoll!

\FRIEDHOF

Wenn du das Gefühl hast, einen Fehler begangen zu haben, findest du in der Schachtel \FRIEDHOF deine Dateien in unversehrter Form wieder.

```
KILL.BAT

@ECHO OFF
XCOPY %1  C:\FRIEDHOF
DEL %1
ECHO % Requiescat
ECHO    in pacem
```

```
DOSKEY KILL=XCOPY $1 C:\FRIEDHOF  $T  DEL $1 $T
ECHO $1 requiescat in pacem
```

Als einmalige Zugabe und Weltneuheit präsentiere ich dir außerdem die konsequente Weiterentwicklung des UN-Gedankens:

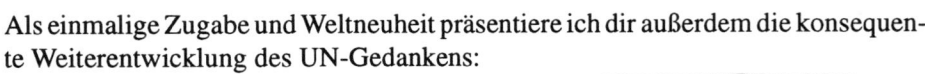

UNCOPY

Ein Kommando, mit dem du bei Kollegen ganz groß rauskommst!

Warum immer nur Sinnvolles?

UNCOPY.BAT

Prädikat besonders HARMLOS

```
@ECHO OFF
IF "%1" == "*.*" GOTO ALLE
ECHO Die Datei(en) %1 %2 %3 wurden nicht kopiert
GOTO ENDE
:ALLE
ECHO Alle Dateien wurden nicht kopiert
:ENDE
ECHO Nicht durchgeführter Kopiervorgang abgeschlossen
```

Nie kopiert, oft erreicht!

Und wo bleiben **UNDIR UNVER UNCLS?**

Das hier ist jedenfalls schon mal der Befehl **UNDOS**

Mac

Kapitel 8
Die grauen Zellen

Expedition in den RAMalaya

Als die kleine M.S. DOSe auf die Welt kam, da herrschte im Lande der PCs ein König...

Keiner glaubte, daß das Reich jemals größer werden könnte als 1 Million Byte. So wurde DOSe von vornherein so erzogen, daß er diese eine Million Speicherzellen erreichen und verstehen konnte.

Spielen durften er und seine Programme nur in den untersten 640 Kilobyte des Speichers. Was darüber war, gehörte dem König allein und wurde bei der Berechnung des Landes gar nicht mitgezählt.

Doch DOSe und seine Freunde wuchsen schneller, als man es je erwartet hatte. Dazu kamen eine Menge Untermieter, die für immer im Speicher residieren wollten. Bald war für alle der Platz zu eng.

Da taten sich kluge Techniker und weitblickende Geschäftsleute zusammen und bastelten eine Lösung: DOSes Expander.

Es ist eine umständliche, aus der Not geborene Erfindung: Ein Stückchen des normalen Speicherinhalts wird in einen freien Teil des Hohen Speichers gesteckt und von dort aus auf einer Zusatzplatine mit Extraspeicher gelagert.

EXPANSIONS-SPEICHER

„seitenweise" (auf Englisch „paging")

ZUSATZHARDWARE

640K

ZUSATZSOFTWARE Memory Manager

384K

Das Ganze nennt sich auch **EMS** Expanded Memory Specification

Dieses Verfahren erfordert eine (teure) Zusatzkarte und spezielle Software, den Expansion Memory Manager – der seinerseits wieder ein Stückchen der kostbaren 640 Kilobyte beansprucht. Außerdem muß ein Programm speziell für den expandierten Speicher gebaut sein, um ihn nutzen zu können.

Das Verfahren ist vielleicht etwas langsam...

...aber es funktioniert auch auf einem ganz einfachen **PC**

expanded Pc

Schwarzbrot XT

Da kam ein neuer König, der befehligte mit seinen 24 Datenleitungen ein 16 mal so großes Reich wie sein Vorgänger.

Doch das nutzte M.S. DOSe – obwohl inzwischen älter und klüger geworden – immer noch nichts. Sein Horizont war begrenzt auf 640 Kilobyte. Er war und blieb ein Kind der alten Zeit.

Auch als abermals ein neuer König kam (den 80286ten hatten ohnehin viele für einen typischen Übergangsmonarchen gehalten), änderte sich für DOSe kaum etwas. Das Reich M.Ps des 80386ten ist so gewaltig, daß endgültig keiner mehr glaubt, es je mit Untertanen füllen zu können: 4 Milliarden Byte! Mehr befehligen auch die Nachfolger von 80386 nicht, wie immer sie heißen mögen (80486, 80586...).

RAMdisk-Yeti

4000 Megabyte

RAMalaya

Auf dem Gipfel dieses Dachs der PC-Welt können zwar Geisterplatten eingerichtet werden (mit dem Schalter /E). Aber DOSes Lebensraum, die untersten 640 Kilobyte, bleiben kostbar wie Baugrund in Berlin.

Was soll dieses historische Geschwafel über Könige und Bergwelt?

Erstens verstehst du hier nur Bahnhof, wenn du den Unterschied von Expansions- und Erweiterungsspeicher nicht kapiert hast...

DOS Handbuch

...und zweitens versteht ihr sonst meinen Traum nicht.

Wie sehnte ich mich danach, wenigstens ein Stückchen in das unerreichbare Bergland vorzustoßen!

CONVENTIONAL CITY

640K

Endlich ging mein Wunsch wenigstens ansatzweise in Erfüllung. Seit meiner Version 5.0 wird mir ein Bergführer zur Verfügung gestellt.

I bin's, da Himsl, host mi?

Sehr erfreut! Ich bin Flachland-tiroler!

HIMEM.SYS

An seinem Nachnamen merkt man schon, daß HIMEM.SYS ein Fall ist für Butler CONFIG.SYS. Dort muß er als erste Gerätschaft vor allen anderen DEVICEs eingetragen werden. Nur falls du SETVER benötigst – das kommt noch vorher!

> Ich begrüße Sie als neuen Mitarbeiter auf unserem Anwesen

HIMEM.SYS   CONFIG.SYS

DEVICE = C:\DOS\HIMEM.SYS

> Doch halt! All das geht nur, wenn du mindestens einen 80**2**86er Prozessor hast!

> Das hat inzwischen doch fast jeder!

8086

Damit ist HIMEM engagiert, der Bergfex für den RAMalaya oberhalb der 1024-Kilobyte-Grenze. Er kann trotzdem nicht zaubern: Die höheren Regionen sind für mich und meine Programme schlicht unbetretbar. Wenn HIMEM nicht eine faszinierende Entdeckung gemacht hätte...

> Mit List und Tücke läßt sich die 21. Leitung von König Mikro Proz Essor dem 80286ten (und seinen Nachfolgern) auch für Herrn DOSe nutzen

> Ich werd' narrisch! 64 Kilobyte Bergland, wo de DOSn hinkommt!

Jenseits von MEGABYTICA

1 Megabyte = 1024 Kilobyte

1088 Kilobyte

A20

A0, A1, A2.....

HMA

Hochgebirges **M**ilder **A**nfang (High **M**emory **A**rea)

> Und was machen wir damit?

HMA Eintritt frei!

Am sinnvollsten ist es, daß ich mich selber hier oben einrichte. Das geschieht mit der lustigen Zeile in Butler CONFIGs Liste, ich wäre „high":

```
DEVICE = C:\DOS\HIMEM.SYS
⋮
DOS = HIGH
```

Falls das (was sehr selten ist) nicht auf Anhieb klappt: Für HIMEM gibt es eine Menge äußerst technischer Schalter, um die mysteriöse Leitung A20 auch auf den exotischsten PCs zu nutzen. Näheres steht in meinem Originalhandbuch und in der Bedienungsanleitung deines Computers.

Die andere unerforschte Region, die mir noch etwas bringen könnte, ist das königseigene Gebiet innerhalb von Megabytica, der Hohe Speicher. Auch für diese Zone habe ich einen Bergführer – selbst wenn er das nur im Nebenberuf erledigt.

EMM386 ist **E**xpanded **M**emory **M**anager. Falls du noch ein Programm benutzt, das den guten alten ExPander braucht, ist EMM386 der Mann für dich. Hat dein 80386er (oder höher) 2 Megabyte RAMalaya (oder mehr), dann stellt dir der Manager 1 Megabyte EMS-Speicher zur Verfügung, sobald du folgende Zeile in Butler CONFIG einträgst:

DEVICE = C:\DOS\EMM386.EXE 1024

Kein Computer braucht hier wirklich alle 384 Kilobyte

Wie du dich erinnern wirst, nutzt der Expansionsspeicher ein Stück vom Hohen Speicher (zwischen 640 und 1024 Kilobyte) als Zwischenlager für sein „Paging". Daher ist EMM386 darauf spezialisiert, in diesem unwegsamen Gebiet ungenutzte Speicherbereiche zu finden.

Diese Flecken nennen wir Upper Memory Blocks – UMBs. Um sie für mehr als nur das Hin- und Herkarren von Portionen für den Expansionsspeicher zu nutzen, hängst du das Wort RAM hinten an die EMM386-Zeile:

DEVICE=C:\DOS\EMM386.EXE 1024 RAM

Die Entdeckerfähigkeiten von EMM386 kannst du natürlich auch dann gut brauchen, wenn du keinen Expansionsspeicher simulieren willst (auf gut englisch „No EMS"). Das dürfte der Normalfall sein, und die Standardzeile in des Butlers Liste sieht deshalb so aus:

DEVICE = C:\DOS\EMM386.EXE NOEMS

EMM386 erledigt seine Suchaufgabe automatisch. Zur Sicherheit hat er aber auch eine Unzahl technischer Schalter, mit denen du von Hand bestimmte Teile des Hohen Speichers ausschließen oder einbeziehen kannst. Wieder ein Thema für intensivere Arbeit mit meinem Originalhandbuch.

Die UMBs sind ein guter Platz für meine immer zahlreicher werdenden Untermieter: Treiber, speicherresidente Hilfsprogramme und all so Kleinkram. Damit ich die Verbindung zum Land der UMBas herstelle, mußt du des Butlers DOS-Zeile ergänzen:

HIGH und UMBeschwert!

$$DOS = HIGH, UMB$$

Statt
DEVICE =
dürfen Sie jetzt
DEVICEHIGH =
schreiben!

Was jetzt folgt, ist Handarbeit in den Listen von Butler CONFIG und Robin AUTOEXEC (immer die Notfallsystemdiskette griffbereit haben!).

zu den UMBas

alt:
DEVICE = C:\DOS\ANSI.SYS

NEU:
DEVICEHIGH = C:\DOS\ANSI.SYS

Bei speicherresidenten Programmen in der AUTOEXEC.BAT jetzt **LOADHIGH** oder **LH** davorschreiben!

alt:
C:\DOS\DOSKEY /INSERT

NEU:
LH C:\DOS\DOSKEY /INSERT

Bei meinen eigenen Begleitern geht das meist problemlos. Bei Fremdfabrikaten kann es sein, daß du die Reihenfolge der geladenen Gäste ändern mußt. Manchmal hilft statt LOADHIGH mein Geheimkommando

Marsch, versuch's in einem anderen Teil des RAMalaya!

LOADFIX SCHLAMPI.EXE

Um dir den Erfolg deines Speichersparunternehmens auch gebührend vor Augen zu führen, habe ich dir einen fürstlich ausgestatteten Speicherspion mitgegeben. Sein Repertoire umfaßt vier Spezialaufträge:

MEM ⏎ | **MEM/C ⏎** | **MEM/D ⏎** | **MEM /P ⏎**

Wieviel Speicher ist (grob gepeilt) im Computer noch frei, was ist belegt?

Genauer **C**lassifiziert: Was ist im normalen, was im Hohen Speicher?

Memory im **D**etail: Sehr technische Informationen, nur für Profis

Informationen über in den Speicher geladene **P**rogramme, auch sehr profimäßig

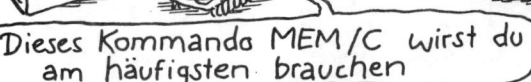

Dieses Kommando MEM/C wirst du am häufigsten brauchen

Na gut. Ein bißchen von den 640 Kilobyte habe ich freigemacht. Aber was machen wir mit den unermeßlichen Weiten des RAMalaya?

In der Tat – heutzutage werden immer mehr Computer mit 2, 4 und noch mehr Megabyte RAM ausgeliefert. Eine der besten Verwendungsmöglichkeiten dafür ist ein Festplatten-Cache. Schau mal in deine \DOS-Schachtel: Da ist ein hervorragendes Programm dafür drin!

Sagen wir mal, dein PC hat großzügigerweise 4 Megabyte Hauptspeicher. Gut und gerne 2 Megabyte davon könntest du dem klugen Festplattenverwalter SMARTDRV zur Verfügung stellen. Smarty nutzt dabei stets die freien Gegenden des Erweiterungsspeichers, ohne daß du ihm das extra mitteilen müßtest:

DEVICEHIGH=C:\DOS\SMARTDRV.SYS 2048

SMARTDRV ist eine enorme Leistungsspritze für deine Festplatte. Er führt darüber Buch, welche Dateien sich dein PC so alles von der Platte kommen läßt. Wenn er feststellt, daß bestimmte Dateien immer wieder verlangt werden, legt er eine Kopie davon im schnellen Chipspeicher ab. Beim nächsten Abruf muß die drehende Scheibe gar nicht mehr bemüht werden.

Manche Programme (z.B. Windows), die die höheren Bereiche des RAMalaya für ihre Zwecke nutzen, dürfen SMARTDRV verkleinern. Mit einer zweiten Zahl kannst du bestimmen, wie klein Smarty im Extremfall werden darf.

DEVICE=C:\DOS\ SMARTDRV.SYS 2048 1024

Damit haben wir nicht nur den Gipfel der Speicherkunst erreicht, sondern auch den Höhepunkt dieses Buches: die erste verständliche und vollständige Übersichtkarte des RAMalaya.

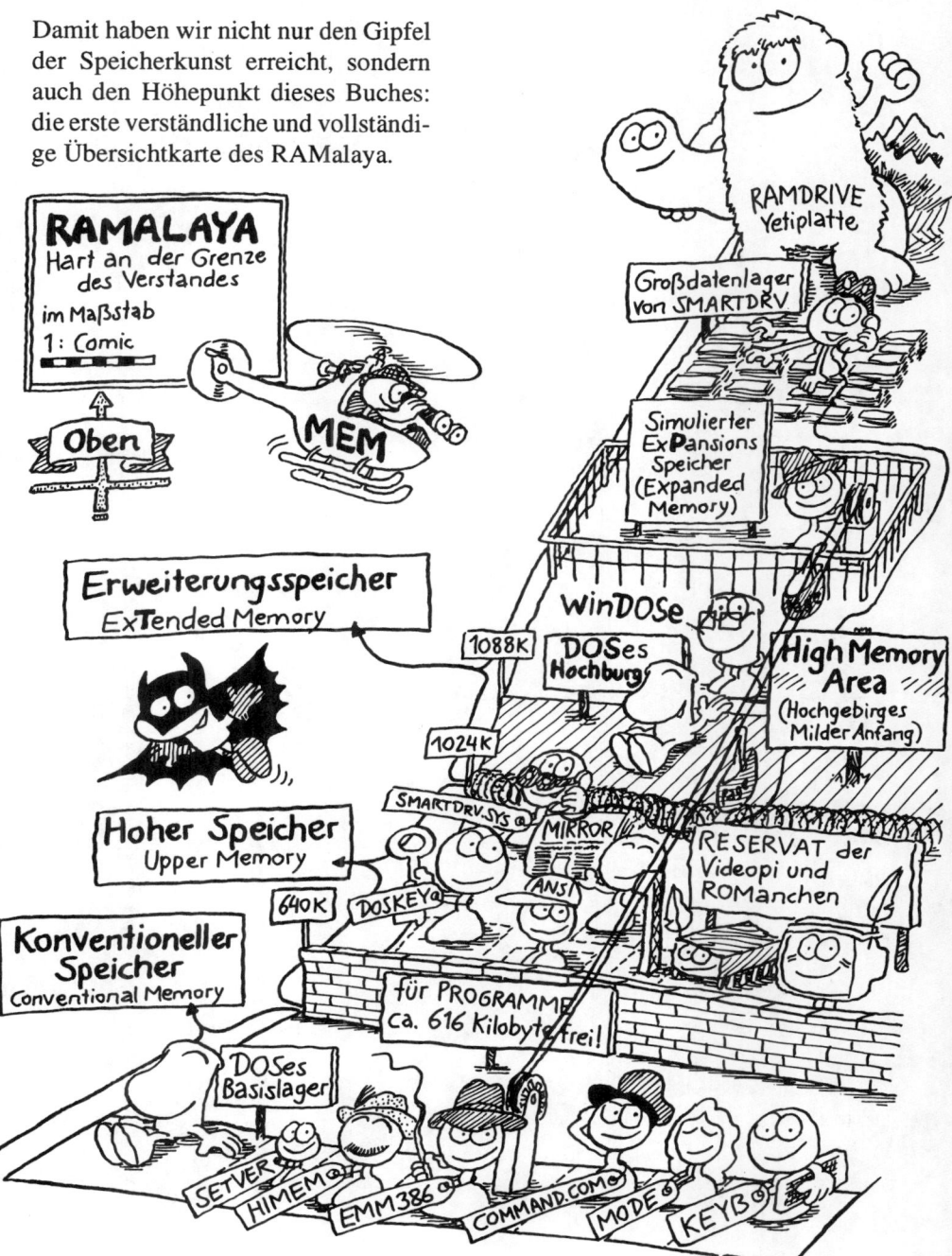

Kapitel 9
Humoristisches Finale

DOSes Dateienzirkus

Erste Nummer

UM–LEI–TUNG

Normalerweise gibt ein Befehl an mich irgend etwas auf dem Bildschirm aus. Der hier gezeigte Trick ist schlicht, aber wirkungsvoll: Mit dem (nach rechts zeigenden) Gaudizacken läßt sich diese Ausgabe umleiten – zum Drucker oder in eine Datei. Zuerst kommt immer der Befehl, dahinter das Ziel der Umleitung.

Wenn bei der Umleitungsaktion die Datei DIRTEXT.TXT noch nicht existiert, wird sie dabei erzeugt. Existiert sie bereits, wird sie überschrieben. Sammelwütige DOS-Freunde, die das vermeiden wollen, müssen den Gaudizacken verdoppeln. Dann lassen sich die Inhalte mehrerer DIR-Listen in einer immer größer werdenden Textdatei zusammenfassen.

„Sammel' sie DIR alle"

DIR >> DIRTEXT.TXT ↵

Der doppelte Gaudi-zacken hängt die neuen Daten an die bestehende Datei DIRTEXT.TXT dran

„Rette deine Makros"

DOSKEY /M >
MACROBOT.TXT ↵

In einem zweiten Schritt holst du diese Datei in meine fesche kleine Textverarbeitung EDIT und schreibst vor jede Zeile das Wort DOSKEY.

[Alt] - [D] - [U]
MACROBOT.BAT ↵

Eine etwas sinnvollere Anwendung der Umleitung siehst du hier. Angenommen, du hast nach einem langen Tag mit mir ein paar wunderbare Makros erfunden. Mit nebenstehendem Kommando werden sie alle in einer Datei gerettet, auch über das Ausschalten des PC hinaus.

„Back' dir ein Batchi"

EDIT
MACROBOT.TXT ↵
DOSKEY [Leerzeichen] [Pos1] [↓]
DOSKEY [Leerzeichen] [Pos1] [↓]

usw.

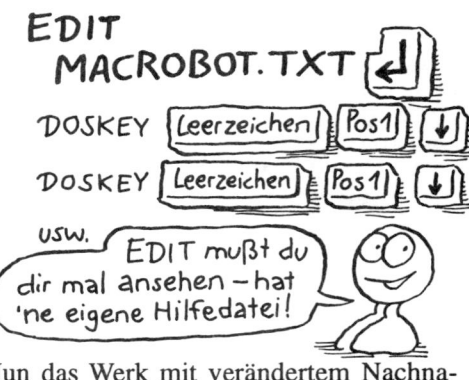

EDIT mußt du dir mal ansehen – hat 'ne eigene Hilfedatei!

Nun das Werk mit verändertem Nachnamen .BAT speichern. MACROBOT ist jetzt eine Batchdatei, die dir deine Makros neu erschafft, wann immer du es willst.

Willkommen in meinem Kuriositätenkabinett: der wundersame Mülleimer!

NUL: und nichtig!

Willst du die Erzeugnisse eines Befehls weder auf dem Monitor noch auf dem Drucker oder in einer Datei sehen, schickst du sie an die merkwürdigste meiner Gerätschaften, NUL: (ein Gegenstand aus dem Reich der Ideen, nur als Software existierend).

Damit kannst du endlich Herrn DOSes trockenes Dosdeutsch in die Wüste schicken

Sehr sympathisch!

DOST-seebarsch

In einer Stapeldatei erzeugt der Befehl PAUSE bekanntlich die Bildschirmbotschaft

Eine beliebige Taste drücken, um fortzusetzen

So sieht (dank Um-Lei-Tung und Mülleimer) die reformierte Form der PAUSE aus:

```
IRGENDNE.BAT

ECHO Hau auf ne Taste, alte Fischhaut!
PAUSE > NUL:
```

Ebenso kannst du meine obligatorische Erfolgsmeldung nach geglückten Kopiervorgängen wegmachen:

COPY *.BAK A: >NUL:

Keine Sorge: Echte Fehlermeldungen („nicht genug Speicher") bringe ich trotzdem noch auf den Bildschirm.

1 Datei(en) kopiert

Ist ja auch ein(e) grauenhafter Jargon!

ERROR

DIR > \DEV\NUL

Der Mülleimer NUL ist nicht der einzige Weg, um unerwünschte Botschaften verschwinden zu lassen: Kopiere sie in die Datei NUL (ohne Nachnamen) in der Schachtel \DEV. Das klappt sogar dann, wenn du gar keine Schachtel \DEV auf deiner Festplatte hast.

Diese ulkige Datei ist ein niedlicher Zaubertrick von mir, um UNIX-Fans zu erfreuen (dort macht man so schräges Zeugs). Eröffne spaßeshalber eine Schachtel \DEV auf deiner Platte und versuche, dort eine Datei namens NUL hineinzukopieren: Es geht nicht!

Zweite Zirkusnummer UM-LEI-TUNG ANDERSRUM

Mit dem verkehrten Gaudizacken (Spitze also nach links) manipuliere ich nicht das, was aus einem Befehl herauskommt, sondern was in ihn hineingehört. Eine noch verrücktere Sache!

Als Vorbereitung für unser nächstes Kunststück mußt du eine Datei namens AMEN erzeugen, die nichts enthält außer einem ENTER-Zeichen.

Beim Kommando TIME mußt du am Ende stets die ENTER-Taste betätigen – selbst wenn du die Uhrzeit nur ansehen wolltest. Diesen Tastendruck kannst du dir sparen, indem du mit meinem Eingangsumleitungszacken die Winzdatei AMEN in den Befehl TIME hineinfütterst. Weil sich das mit dem Kommando DATE genauso verhält, backen wir uns doch gleich eine Batchdatei, die eine schnelle Antwort gibt auf die Frage: Wie spät isses JETZT?

144

Zirkusnummer drei

FILTERTÜTE

Die Ausgabe eines Befehls müßte man doch auch so umleiten können, daß sie zur Eingabe des nächsten Befehls wird. Ja, das geht tatsächlich und hat den schönen Namen „Pipelining".

Die Krönung!

Wie ich das mache? Mit einem kleinen Umweg über die Datei TEMP (das steht für „temporär", also nur zeitweise benötigt). Damit das klappt, sollte in Robins AUTOEXEC.BAT der Kellergeist TEMP definiert sein. Er sagt mir, in welcher Schachtel ich die Zwischenspeicherdatei TEMP anlegen soll.

Befehl 1 > TEMP

Befehl 2 < TEMP

AUTOEXEC.BAT

SET TEMP = C:\DOS

TEMP-Taschentuch

C:\DOS\TEMP

Von meinem Getue mit TEMP merkst du nichts. Du mußt nur das Verkettungszeichen kennen

Befehl 1 | Befehl 2 | Befehl 3

Mit diesem Zeichen lassen sich auch mehr als nur zwei Befehle miteinander verketten – eine komplette Pipeline also.

Das ist der Strich mit (auf manchen Computern ohne) Durchschuß

Wenn | nicht „Altgriechisch" auf der Gaudizackentaste zu finden ist, erreichst du ihn mit dem Alt+Nummerntastentrick

AltGr – > < |

Alt – 1 2 4

Die Ausgabe von ECHO ist das, was hinter dem Wort ECHO steht – in diesem Fall der Buchstabe J. Das Massenvernichtungskommando DEL *.* fragt „Sind Sie sicher (J/N)?" und bekommt dieses J als Eingabe. Ein gefährliches kleines Stückchen Pipeline!

Besonders geeignet zur Verkettung sind Programme mit Ein- und Ausgang. Das sind vor allem meine drei Klempner, die auch als Filter bezeichnet werden.

Am bekanntesten ist der Filter MORE. Er sorgt dafür, daß die Ausgabe eines Befehls nicht endlos über den Bildschirm rauscht, sondern nach einer Seite brav stoppt und auf einen Tastendruck von dir wartet.

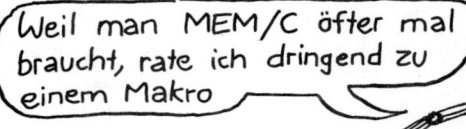

Weil man MEM/C öfter mal braucht, rate ich dringend zu einem Makro

DOSe repariert sich mal wieder selber

DOSKEY MEMC=MEM /C ¦ MORE

Noch ein Tip für Abkürzungs-freaks

5 Tasten kürzer

MORE wird gerne eingesetzt bei meinem schlichten TYPE-Befehl, der ohne jede Bildschirmbremse geliefert wird:

TYPE LANGER.TXT ¦ MORE

Für Kenner der Zackentechnik bewirkt diese Schreibweise den gleichen Effekt:

MORE < LANGER.TXT ↵

Ein intelligenter Bursche unter den drei Klempnern ist der Filter FIND. Er durchsucht Dateien und Ausgaben von Kommandos nach einem bestimmten Text. Wird er fündig, zeigt er die Zeile an, die den gesuchten Text enthält.

/I Groß/Kleinschreibung **I**g**N**Ori**ER**e ich

/N Ich schreibe die **N**ummer der gefundenen Zeile vor die Fundsache

/V **V**erkehrtrum: Ich zeige nur die Zeilen, die das Gesuchte _nicht_ enthalten

/C **C**ountdown: Ich sage nur, wieviele Zeilen ich gefunden habe

FIND [Leer-Zeichen] (Schalter)[Leer-Zeichen] "(gesuchter Text)" [Leer-Zeichen] (Datei-name) ↵

FIND /I "tchm" BAT.TXT ↵

FIND "tchm"

In dieser Zeile kommt Batchman vor

```
JETZT.BAT

@ECHO OFF
TIME < AMEN ¦ FIND "Gegen"
DATE < AMEN ¦ FIND "Gegen"
```

Mit FIND wollen wir mal die kleine Zeitansage-Stapeldatei von vorhin aufmotzen. Dank FIND-Filter wird nur noch die Zeile angezeigt, die die Worte „Gegenwärtige Uhrzeit..." enthält. Die überflüssige Zeile „Neue Uhrzeit:" ist nicht mehr zu sehen.

SORT, der dritte Klemptner, war früher bei fortgeschrittenen DOSianern recht beliebt, um die Ausgabe meines alten DIR-Kommandos zu ordnen (in dem hier gezeigten Beispiel nach Vornamen). Seit meinem neuen DIRigenten ist das unnötig geworden. Darum stelle ich dir als mustergültige SORT-Anwendung eine Krönung von Batchdatei vor. Sie durchsucht deine gesamte Festplatte nach einer Datei, von der du nur einen Teil des Namens eingeben mußt. WOIST zeigt dann alle Fundstellen, sauber alphabetisch sortiert.

Ich bediene mich dabei des Plattenüberprüfungskommandos CHKDSK, das mit dem Schalter /V die Namen aller Dateien jeder Schachtel ausgibt.

```
WOIST.BAT

@ECHO OFF
IF %1!==! GOTO FEHLTWAS
ECHO Ich suche Dateinamen,
ECHO die %1 enthalten...
CHKDSK /V ¦ FIND /I
  "%1" ¦ SORT ¦ MORE
GOTO ENDE
:FEHLTWAS
ECHO Hinter %0 bitte den
ECHO gesuchten Dateinamen
ECHO oder einen Teil davon
ECHO eingeben
:ENDE
```

FIND kann sogar lange Text-dateien durchsuchen.

SUCHMIR.BAT ermöglicht das auf komfortable Weise und vereinigt viele der in diesem Buch beschriebenen Kniffe. Wenn du alle Abschnitte dieser Stapeldatei verstehst, hast du das große Batchman-Diplom verdient. Wenn nicht – tipp' sie einfach ab. Sie wird trotzdem funktionieren!

```
SUCHMIR.BAT
@ECHO OFF
SET Suchbereich = *.*
IF %1!==! GOTO FEHLTWAS
IF %2!==! GOTO LOSGEHTS
SET Suchbereich=%2
:LOSGEHTS
ECHO Ich suche nach "%1"...
FOR %%A IN (%Suchbereich%)
    DO FIND /N /I "%1" %%A
GOTO ENDE
:FEHLTWAS
ECHO  Nach %0 den gesuchten
ECHO  Text eingeben, dahinter (wenn
ECHO  du willst) den Suchbereich
ECHO  (z.B. *.TXT). Sonst suche ich
ECHO  in allen Dateien dieses
ECHO  Verzeichnisses.
:ENDE
SET Suchbereich=
REM  Das löscht den Kellergeist.
```

Dein Ehrentitel lautet ab jetzt „Alter Hase fünf punkt null".

Der Zirkus der Laufwerke!

So weit der Dateienzirkus. Jetzt kommt's noch dicker:

mit Dave DIR, DOSE, Floppy, MIPS und switch!

Mancher hält es für ein Naturgesetz, daß die Festplatte C: und daß Diskettenabspieler immer A: und B: heißen. Von wegen!

„Bäumchen wechsel dich"

Mit **ASSIGN** ringelreih'n alle Massenspeicherlein!

So übernimmt die Festplatte alle Aktionen der beiden Disketten-maschinen

ASSIGN A=C B=C

Ringelringelreihe ich bin der Laufwerk' dreie!

C: A: B:

Eine äußerst zirkusgemäße Angelegenheit: Vielleicht lustig, aber wann braucht man im Alltag einen doppelten Salto? ASSIGN gehört zu den typischen Lösungen eines Computerprogramms, für die es gar kein Problem gibt. Es könnte höchstens noch ein Uralt-Programm geben, das nur für den Einsatz mit Disketten gebaut war. Mit ASSIGN kannst du dem Veteranen vorgaukeln, deine Festplatte hieße jetzt A:...

Auf jeden Fall solche Spiele nur kurzzeitig laufen lassen! Danach die Ringelreihe rückgängig machen

Dazu dient der nackte ASSIGN-Befehl:

ASSIGN

plop

Alles wie's war!

A: B: C:

Etwas mehr praktischen Nutzen bietet der Trick, eine Schachtel in ein Laufwerk zu verwandeln.

„Verkleiderles"

Das ist sinnvoll bei Schachteln mit übel langen Namen

Die Schachtel bekommt eine neue SUBSTanz — eine neue Form von Geisterplatte!

It's been a hard disks night...!

SUBST

C:\FURCHT\BAR\AFFIGER\SCHACHTL\BAUM

SUBST E: C:\FURCHT\BAR\AFFIGER\SCHACHTL\BAUM ↵

Damit werden Kopier- und Speicherbefehle schön kurz

E:

COPY A:*.* E:

Esc Ü L

z.B. MissWORD 2.0

Außerdem gibt es immer noch das eine oder andere Programm, das keine oder nur kurze Schachtelnamen als Eingabe akzeptiert. Die lassen sich mit SUBST ohne Substanzverlust überlisten.

Damit es für dich schwieriger zum Merken ist, läßt sich SUBST nicht so einfach wieder aufheben wie ASSIGN. Bei SUBST mußt du in unserem Beispiel eingeben:

Das soll **Delete** heißen

SUBST E: /D ↵

151

Fast selbstverständlich, daß das auch andersherum machbar ist: Ein Laufwerk wird in eine Schachtel verwandelt. Es muß allerdings eine leere Schachtel sein und sie darf nur eine Ebene unter der Hauptschachtel stehen.

Die verschachtelte Festplatte läßt sich diesmal wieder mit dem nackten Kommando rückgängig machen:

Denn manche meiner Befehle können großes Unheil anrichten, wenn sie während der Kunststücke von ASSIGN, SUBST und JOIN angewendet werden...

Als Paukenschlag zum guten Schluß und zur Auffrischung deiner batchinesischen Fähigkeiten eine Datei, die du einem Bekannten auf die Festplatte laden kannst. An das Ende der AUTOEXEC.BAT des Opfers setzt du die Zeile SCHOCKER, damit das Ding beim Anschalten des PC automatisch losgeht.

SCHOCKER.BAT

```
@ECHO
CLS
ECHO.
ECHO Alle Dateien nicht löschen (J/N)?
PAUSE > NUL:
ECHO.
ECHO Alle Dateien gelöscht
ECHO.
MD
CD
PROMPT Betriebssystem zerstört! X:\ $ G
```

Was der arme User auch eintippt — es erscheint immer der "alles tot"-Hinweis

AUTOEXEC.BAT
```
:
SCHOCKER
```

An dieser Stelle ist jeweils hinter MD und CD einzugeben:

Auf der Zehnertastatur

Leerzeichen **Alt** — **2** **5** **5**

Damit erzeugst du eine Schachtel, die der Hauptschachtel sehr ähnlich sieht, denn das Zeichen Alt-255 ist (obwohl unsichtbar) ein gültiger Datei- und Schachtelname. Gibt der Gefoppte in seiner Hilflosigkeit den DIR-Befehl ein, sieht er ein leeres Verzeichnis, das aussieht wie sein Hauptverzeichnis.

Schocking!

PS Aber danach dem (oder der) Armen alles erklären!

Batchman alphabetisch

Glückwunsch zur erfolgreichen Durchquerung von BATCHMAN! Für den unwahrscheinlichen Fall, daß du es noch nicht weißt: BATCHMAN ist die Fortsetzung des erfolgreichsten Cartoon-Computerbuchs der Welt. Sicherheitshalber hier noch einmal die Daten des ersten Teils:

Werner Tiki Küstenmacher

MS-DOS mühelos

Ein garantiert fröhlicher Cartoon-Computerkurs

100.000fach bewährtes Lern- und Schmunzelbuch. Ein Standardwerk für alle, die das meistverkaufte Betriebssystem der Welt auch nicht lieben, aber trotzdem mit ihm leben müssen. Von den seichten Anfängen (DOSes Weltformel, die Dat-Ei des Columbus) über die ersten Hürden (DOSes Schachtelsystem samt Killer und Harke) bis zur souveränen Beherrschung seiner COPY-Klippen und der Enttarnung von Monsieur Null Volt.

Über 400 Bilder auf 160 prallvollen Seiten, DM 24,80 (ISBN 3-89390-305-4). In stabiler, recycelbarer WeißblechDOSe mit Ring-Pull-Verschluß im KingSize-Format DM 29,80 (ISBN 3-89390-309-7)

Werner Tiki Küstenmacher

ClipArts

Lange ersehnt: DOSe in digitaler Form. Bilder im PCX-Format zum Verzieren von Texten, Grußkarten, Einladungen etc. Leckere Grafikdateien für den Hausgebrauch.

DOS-Befehle stellt alle DOSenkommandos in süffisanter Form dar.

1,2 MB-Diskette DM 34,80 (unverb. Preisempfehlung). ISBN 3-89390-801-3

DOSe und seine Freunde bringt das beliebte Männchen in allen Lebenslagen (mit und ohne Computer).

1,2 MB-Diskette DM 34,80 (unverb. Preisempfehlung). ISBN 3-89390-802-1

SYSTHEMA Verlag GmbH München

Warum das erfolgreiche Prinzip Cartoons + kluger Text = Durchblick nur in Sachen Betriebssystem anwenden? Hier kommt es noch viel besser:

Irmgard Wagner und Werner Tiki Küstenmacher

Mathe & PC

Ein heiterer Cartoon-Mathematik-Kurs

Viele glaubten, daß sie nach der Schulzeit Mathematik nie wieder in ihrem Leben brauchen würden. Aber dann kam der Computer...

Mathe & PC laden ein zu einer höchst vergnüglichen Reise durch die Welt der Ziffern, Logarithmen und Sinuskurven.

In Stichworten: Lebenslänglich Kuchenessen dank undenkbarer Zahlen. Rechnen mit arabischen Schachteln. Klapustri und andere Wunderwesen aus Algebrasilien. Die Boole's Brothers. Ein Kriminalfall mit IF und XOR. X- und Y-Achse, für alle Zeiten unverwechselbar.

Und, als sensationelle Zugabe: 116 Seiten lang die Zahl Pi, auf 6.840 Dezimalstellen genau (samt Angaben, welche hundert Stellen die schönsten sind)!

PS Das erste Computerbuch, das auch ohne Computer Spaß macht! Verschärft geeignet für Schüler, die hier unschätzbare Kniffe kennenlernen.

Preis: DM 24,80 (= Pi hoch 3 mal Sinus von 53,115 Grad), ISBN 3-89390-342-9

Die ideale Ergänzung dazu aus der Systhema-Shareware-Reihe ist

Mathe-Ass

Ein hinreißendes Mathematikprogramm für DOSe-gesteuerte PCs.

*Handbuch mit 92 Seiten DM 19,80
(ISBN 3-89390-160-4)*

*Diskette (unverbindliche Preisempfehlung)
DM 19,80 (ISBN 3-89390-060-8)*

SYSTHEMA Verlag GmbH München